高校思想政治教育教学与队伍建设研究

张亚军 ◎ 著

·长春·

图书在版编目(CIP)数据

高校思想政治教育教学与队伍建设研究 / 张亚军著.
--长春:吉林大学出版社，2023.10

ISBN 978-7-5768-2299-1

Ⅰ. ①高… Ⅱ. ①张… Ⅲ. ①高等学校－思想政治
教育－教学研究－中国 Ⅳ. ①G641

中国国家版本馆 CIP 数据核字(2023)第 204252 号

书　　名　高校思想政治教育教学与队伍建设研究
　　　　　GAOXIAO SIXIANG ZHENGZHI JIAOYU JIAOXUE YU DUIWU JIANSHE YANJIU

作　　者　张亚军
策划编辑　张维波
责任编辑　张维波
责任校对　曲　楠
装帧设计　繁华教育
出版发行　吉林大学出版社
社　　址　长春市人民大街 4059 号
邮政编码　130021
发行电话　0431-89580028/29/21
网　　址　http://www.jlup.com.cn
电子邮箱　jldxcbs@sina.com
印　　刷　三河市腾飞印务有限公司
开　　本　787×1092　1/16
印　　张　10.5
字　　数　184 千字
版　　次　2023 年 10 月　第 1 版
印　　次　2024 年 1 月　第 1 次
书　　号　ISBN 978-7-5768-2299-1
定　　价　78.00 元

版权所有　翻印必究

高校学生不仅是祖国的未来，也是民族的希望。高校学生思想政治教育取得成功的关键在于人才能否健康成长，是否符合中国特色社会主义现代化建设的需要。我国的高等教育正处在变革之中，重点关注学生从量变到质变的模式，进而推动我国从世界人力资源大国到世界人力资源强国的转变。因此，注重和加强高校学生思想政治教育，不断提高大学生思想政治教育的实效性，不仅仅是改进和创新高校学生思想政治教育的内容和形式的现实需要，还是提升大学生思想政治教育素质水平、促进大学生健康成长成才的重要措施。以此为研究背景，笔者撰写了《高校思想政治教育教学与队伍建设研究》这本书，目的是建设系统的高校思政教育体系，促进大学生思想政治教育的全面提升。

本书共六章。第一章论述了高校思想政治教育的内涵和定位，指明了高校思想政治教育工作的重要性。第二章主要围绕新时期高校思想政治教育理论基础进行编写，使学生能够从新颖的角度掌握马克思主义原理，明确中国特色社会主义道路的根本任务。第三章是新时期高校思想政治的教育教学方法的应用，希望高校思想政治教育在遵循一定原则的基础上有所创新。第四章主要是根据现代网络技术的发展，研究和探讨如何利用网络模式进行高校思想政治教育。第五章深入介绍了高校思想政治理论课的发展与探索，讨论如何利用现有资源开展丰富多彩的思想政治理论课。最后一章围绕师资力量进行撰写，希望在新时期，思政课教师队伍建设更加完善，能够勇于探索和挖掘，在未来的发展中能够更加全面地为教育事业作出贡献。

本书理论联系实践，相较于同类型的书具有鲜明的特点。首先，具有完整的写作框架。对定义、内涵、理论依据、教学的方法、教学的模式、教学人才的培养等，都做了层次性的阐释，从理论到内涵，由浅入深地进行了详细阐述，其次，细节化把握。在不同的章节，对于重点内容都做了详细分析与阐述，比如在思想政治教育的方法、教学的模式和教师人才培养等章节，针对具体的教学实践存在的问题，提出了合理的方法和建议。最后，创新观点的融入。本书的写作依托于当前教育的新情况、新特点，融合创新的教育观点进行系统的阐述，这些都是本书的亮点。

本书在编写的过程中参考了大量的文献资料，在此向各位作者表示由衷感谢。由于时间仓促、作者水平有限，本书还存在一些不足之处，恳请各位专家、读者批评指正。

张亚军
2023 年 2 月

目 录
CONTENTS

第一章

高校思想政治教育概述

思想政治教育内容涵盖十分广泛，包括理想信念教育、公民道德教育、人文素质教育等内容，是一项复杂的培育社会主义人才的伟大工程。高校思想政治教育是思想政治教育工作的重要组成部分，是思想政治教育工作中以大学生为教育客体的一项工作。加强和改进高校思想政治教育工作直接关系着中国特色社会主义事业合格建设者和可靠接班人的培养，直接关系着和谐社会的构建，直接影响着中国教育事业的发展，具有理论和实践研究的重大意义。因此，要正确认识、加强和改进高校思想政治教育，就必须深刻认识高校思想政治教育的内涵、定位与指导意义。

第一节　高校思想政治教育的内涵

高校思想政治教育的内涵反映高校思想政治教育这一教育实践活动的本质属性。这一本质属性在属性和功能上具有相对稳定性，同时也是随着高校思想政治教育整体环境的变化而不断发展的。高校思想政治教育的内涵既具有传承性，又具有发展性。

一、高校思想政治教育的基本内涵

所谓内涵是指一个概念所反映的事物的本质属性的总和，也就是概念的内容。高校思想政治教育是一项实践活动，是由高校的思想政治教育工作者通过一定的平台，在党的教育方针指引下，运用一定的思想观念、政治观点、道德规范等，对大学生施行有目的、有计划、有组织的教育，使他们形成符合中国特色社会主义要求的思想品德的实践活动。根据前面的定义，高校思想政治教育的基本内涵就是指最能反映这一教育实践活动本质属性的主要内容。根据目前各高校对大学生进行思想政治教育的主要内容和表现形式，我们可以说思想政治理论课和日常思想政治工作是高校思想政治教育基本内涵的主要体现。具体来说，高校思想政治教育的内涵包括以下几点。第一，高校思想政治教育有明确而具体的主客体，且主客体是有层次的，也是相对的，在一定条件下是可以转化的。第二，高校思想政治教育具有明确而具体的目的性，即工具性和目的性的统一。工具性即高校思想政治教育是为社会服务的，体现了社会对“教育”的需要；目的性即高校思想政治教育要体现它作为一种教育活动有其“建设人自身”的根本属性，体现了人对“教育”的需要。二者的统一就是工具性本质和目的性本质的体现。归根结底，高校思想政治教育应着眼于社会和人对教育的需要，促进人的全面发展，推动社会的进步，促进社会的健康发展，实现社会的有序管理。第三，高校思想政治教育的内容有各自的规定性，相互独立，互不替代。高校思想政治教育的具体内容是随着时代的发展而有所选择和变化的。高校思想政治教育既然是一门实践教育，其内容的选择就不能脱离时代需要，而是要以思想教育为根本、政治教育为主导、道德教育为基础、心理健康教育为补充，并根据时代的需要相应充实完善学科内容。第四，高校思想政治教育是过程和结果的统一，必须在遵循人的思想品德的形成和发展规律，以及思想政治教育活动自身规律的基础上实现为人类和社会的发展服务的目的。

对大学生思想政治教育的基本内涵的分析，还可以从其本质属性入手。世界上的万事万物都有许多的性质，如形状、颜色、气味等。一个事物除了有许多性质外，还与其他事物间存在各种关系，如上下、左右、大于、小于、胜负、平等、互助等。在形式逻辑中，把事物的性质和关系统称为事物的属性。任何事物都有许多的属性，在事物的诸多属性中，有些属性是某个或某类事物所特有的，决定了该事物的本质，即使得该事物成为它自己，并把自己与其他事物区别开来。这种事物的基本属性就是事物的本质属性，它是事物本质的规定性，是事物固有的、决定事物性质、面貌和发展的根本属性。

由此可见，高校思想政治教育的本质属性就是高校思想政治教育固有的，决定其性质、面貌和发展的本质的规定性。这种本质属性贯穿于高校思想政治教育活动的始末，是高校思想政治教育活动中最普遍、最一般的固有属性，规定和影响着非本质属性；这种本质属性也是高校思想政治教育变化发展的根据。根据这两个要求，高校思想政治教育的本质属性应为政治性、科学性和时代性。首先，高校思想政治教育中的“政治”可以理解为统治阶级的政治文化，要求大学生具有的政治素质及其实现途径和方法。政治性就是基于其政治含义的属性，是统治阶级意志的表达，如果高校思想政治教育没有政治性就不能体现与维护统治阶级的意志。其次，科学性是高校思想政治教育在实践过程中提炼升华而来的，是高校思想政治教育得以发展的内在规定性。高校思想政治教育要达到言传与身教的统一，实现主观愿望与客观实际的统一，就必须反映客观事物的本质和历史发展趋势，代表最广大人民群众的根本利益，最终促进社会生产力的发展。离开科学性，大学生思想政治教育也不能得到发展，更别说长久地存在了。最后，大学生思想政治教育能否得到加强和取得实效，关键在于能否体现时代性。只有体现了时代性，才能准确把握当代大学生的思想脉搏，创造性地开展工作，提高高校思想政治教育的针对性、实效性和吸引力、感染力；脱离了时代性，高校思想政治教育工作将会与实践脱节，失去活力，也不会长期持续下去。

二、高校开展思想政治教育的基本原则

1. 坚持党对高校的领导

落实全面从严治党的要求，把党的建设贯穿始终，着力解决突出问题，维护党中央权威、保证党的团结统一，牢牢掌握党对高校的领导权。

2. 坚持社会主义办学方向

坚持马克思主义指导地位，坚持以人民为中心的发展思想，更好为改革开放和社会主义现代化建设服务、为人民服务。

3. 坚持全员、全过程、全方位育人

把思想价值引领贯穿于教育教学的全过程和各环节，形成教书育人、科研育人、实践育人、管理育人、服务育人、文化育人、组织育人的长效机制。

4. 坚持遵循教育规律、思想政治工作规律、学生成长规律

把握师生思想特点和发展需求，注重理论教育和实践活动相结合、普遍要求和分类指导相结合，提高工作的科学化、精细化水平。

5. 坚持改革创新

推进理念思路、内容形式、方法手段创新，增强工作时代感和实效性。

三、高校开展思想政治教育的主要任务

1. 以理想信念教育为核心，深入进行树立正确的世界观、人生观和价值观教育

要坚持不懈地用马克思列宁主义、毛泽东思想、邓小平理论、“三个代表”重要思想、科学发展观、习近平新时代中国特色社会主义思想武装大学生，深入开展党的基本理论、基本路线、基本纲领和基本经验教育，开展中国革命、建设和改革开放的历史教育，开展基本国情和形势政策教育，学习贯彻习近平新时代中国特色社会主义思想，使大学生正确认识社会发展规律，认识国家的前途命运，认识自己的社会责任，确立在中国共产党的领导下走中国特色社会主义道路，实现中华民族伟大复兴的共同理想和坚定信念。同时，要积极引导大学生不断追求更高的目标，使他们中的先进分子树立共产主义的远大理想，确立马克思主义的坚定信念。

2. 以爱国主义教育为重点，深入进行弘扬和培育民族精神教育

深入开展中华民族优良传统和中国革命传统教育，开展各民族平等团结教育，培养团结统一、爱好和平、勤劳勇敢、自强不息的精神，树立民族自尊心、自信心和自豪感。要把民族精神教育与以改革创新为核心的时代精神教育结合起来，引导大学生在中国特色社会主义事业的伟大实践中，在时代和社会的发展进步中汲取营养，培养爱国情怀、改革精神和创新能力，始终保持艰苦奋斗的作风和昂扬向上的精神状态。

3. 以基本道德规范为基础，深入进行公民道德教育

要认真贯彻《新时代公民道德建设实施纲要》，以为人民服务为核心、以集体主义为原则、以诚实守信为重点，广泛开展社会公德、职业道德和家庭美德教育，引导大学生自觉遵守爱国守法、明礼诚信、团结友善、勤俭自强、敬业奉献的基本道德规范。坚持知行统一，积极开展道德实践活动，把道德实践活动融入大学生的学习生活之中。修订和完善大学生行为准则，引导大学生从身边的事情做起，从具体的事情做起，着力培养良好的道德品质和文明行为。

4. 以大学生全面发展为目标，深入进行素质教育

加强民主法治教育，增强遵纪守法观念。加强人文素质和科学精神教育，加强集体主义和团结合作精神教育，促进高校思想道德素质、科学文化素质和健康素质协调发展，引导大学生勤于学习、善于创造、甘于奉献，使之成为有理想、有道德、有文化、有纪律的社会主义新人。

第二节　高校思想政治教育学科定位

“定位”即“确定名分地位”，也就是“把事物放在适当的地位并做出某种评价”。所谓“学科定位”，指的是寻找和确定学科的“坐标”，就是把某个学科放到一定的学科背景中，考察它在这个体系中所占的地位，并揭示其性质和特点以及建设的意义和方向。① 从某种程度上说，学科定位问题是学科建设首要的、基本的理论问题。准确地把握思想政治教育的学科定位，是推进思想政治教育学科建设与发展的逻辑起点。

作为学科定位的核心内容和主要方面的学科归属问题，在思想政治教育学科

① 张麦兰，刘建军．关于思想政治教育学科定位的思考[J]．思想理论教育，2006(17)：37-39.

设立后的一段时间里曾是学界讨论和争议颇多的话题。很多学者认为，思想政治教育是党对人民群众进行意识形态教育的学科，具有鲜明的党性和政治性，理应归属于政治学；也有不少学者认为，思想政治教育的实质还是“教育”，只不过教育的主要内容是思想政治方面的理论和知识，需要遵循教育学的基本规律，坚持教育学的基本原则，运用教育学的基本方法，因此它属于教育学的一门应用学科。前种观点突出了政治性，但在一定程度上忽略了思想政治教育这门学科承担的其他功能；后种观点强调了理论学科的学术性，而在一定程度上忽视了思想政治教育的政治性和阶级性特质。科学认识和准确把握思想政治教育的学科归属，我们既要看到它作为一门理论学科要遵循的学科原则的普遍性，又要关注其宗旨和内容的特殊性，抓住事物最根本、最本质的方面。① 自 2005 年马克思主义理论一级学科设立，思想政治教育成为其所属的二级学科以来，学界对于思想政治教育学科的定位在已有研究成果的基础上进行了深入探讨，并取得了不少研究成果，从而深化了对这一问题的认识，使得思想政治教育的学科定位日益明晰。

一、关于思想政治教育学科定位的总体认识与把握

设立马克思主义理论一级学科和所属的二级学科，是巩固和加强马克思主义在意识形态领域指导地位的重要决策，具有重要的战略意义。思想政治教育学科是在马克思主义指导下，综合运用多门学科的理论成果，在总结思想政治教育实践经验的基础上建立起来的综合性、政治性、科学性、实践性很强的一门应用学科。要正确判定思想政治教育的学科定位，就必须把它放在马克思主义理论一级学科的全局中，正确认识和处理马克思主义与思想政治教育的关系，为高校服务与为社会服务的关系，马克思主义理论一级、二级学科建设与高校思想政治理论课建设的关系。② 对思想政治教育学科的总体认识和把握是研究思想政治教育学科定位的重要视角。

思想政治教育学科作为马克思主义理论一级学科所属的二级学科，它具有中国特色、中国风格、中国气派。思想政治教育覆盖我国全部领域、全体人员，发挥着引导方向、思想保证、以理服人、科学育人的功能，其学科定位及建设要坚持马克思列宁主义、毛泽东思想和中国特色社会主义理论体系的指导，坚持对实

① 荆兆勋．思想政治教育的学科定位及建设思路研究[M]．济南：山东人民出版社，2011：89.

② 张耀灿．试论思想政治教育学科的定位与建设[J]．思想理论教育导刊，2006(07)：1-6.

践活动、社会活动发挥先导作用，保证其根本性质与根本方向。[①]

有学者认为，思想政治教育作为马克思主义理论一级学科所属的二级学科，应从其作为一种实践活动、一个二级学科、一门新兴科学、一个招生专业及其基本理论研究如何推进等方面“五位一体”探讨其学科定位。探讨该学科定位应该解决两个方面的问题：一是学科认识，要澄清一些认识上的困惑；二是学科清理，要解决学科建设中的一些实际问题。[②]

有学者认为，思想政治教育学科是马克思主义理论学科的二级学科，这是对思想政治教育最基本的学科定位，而准确把握这一定位，还应深入理解思想政治教育学科与马克思主义理论一级学科所含其他二级学科的关系，以及与相关人文社会科学学科的关系。思想政治教育学科应该在明确学科定位的同时注重学科依托，增强学科依托意识，在依托中谋求发展。[③]

也有学者认为，对思想政治教育学科进行定位，要将它放到马克思主义理论一级学科、哲学社会科学学科群及社会主义意识形态“三位一体”的综合视野中加以考量和审视。首先，它是马克思主义理论一级学科中必不可少的一门二级学科，不能游离于马克思主义理论的学科家园；其次，它是哲学社会科学领域众多学科中的一门独立学科，综合运用了诸多学科的理论与方法，具有综合性；最后，它担负着捍卫马克思主义在我国意识形态领域指导地位的学科使命，不同于一般的知识性学科，是一门兼具科学性与意识形态性的学科。[④] 还有学者主张从学科的社会定位、属性定位和功能定位“三位一体”的视角认识和把握思想政治教育的学科定位。[⑤]

综上所述，学界一致认同思想政治教育学科是马克思主义理论一级学科下的二级学科的基本定位，并且从不同的角度和视域对思想政治教育学科定位的总体把握提出了见解，丰富了思想政治教育学科理论。

---

① 郑永廷．试论坚持思想政治教育学科建设的主导性与前沿性[J]．教学与研究，2012(02)：31-37.

② 刘建军．思想政治教育学科建设[J]．思想理论教育，2007(07)：7-8.

③ 沈壮海．推进思想政治教育学科建设的思考[J]．思想理论教育，2006(11)：33-36.

④ 白显良．论思想政治教育学科的科学定位——兼论思想政治教育的学科建设[J]．思想理论教育，2007(03)：41.

⑤ 代玉启，陈文旭．思想政治教育学科定位新探——社会、属性、功能三位一体定位分析[J]．思想政治教育研究，2009(03)：56-58.

二、关于思想政治教育学科与马克思主义理论一级学科及所属其他二级学科关系定位

考察和审视学科系统内部结构及诸要素之间的关系，成为学界研究思想政治教育学科定位的又一重要视角，有学者指出，马克思主义与思想政治教育之间具有不可分割的内在联系。马克思主义是思想政治教育学科的指导思想、理论基础和根本教育内容，思想政治教育学科建设不能没有马克思主义的理论指导。同样，马克思主义理论的传播、发展及其价值实现也不能没有思想政治教育，思想政治教育是马克思主义价值实现的必经途径，是马克思主义的题中应有之义。①

有学者强调，马克思主义理论一级学科与思想政治教育二级学科之间的关系是整体与部分之间的关系，思想政治教育学科的发展必须依托马克思主义理论一级学科，以其为平台；马克思主义理论一级学科的整体发展也必须在思想政治教育及马克思主义理论其他二级学科发展的基础上进行成果综合和学科整合：即没有思想政治教育及其他二级学科的发展，就没有思想政治教育及其他二级学科研究成果的概括和综合，也就没有包括思想政治教育在内的马克思主义理论各二级学科之间的交叉与融合，进而说明马克思主义理论学科也不可能获得整体发展。从这个意义上来说，我们要更加注重马克思主义理论一级学科内思想政治教育学科的自主发展。思想政治教育学科只有获得了独立自主的发展，才能为马克思主义理论其他二级学科的发展，乃至马克思主义理论一级学科的整体发展做出特有的贡献。②

有学者认为，思想政治教育学科与马克思主义基本原理这门二级学科之间有着明显的区别，后者侧重于对马克思主义原理内容本身的研究，而思想政治教育学科则侧重于对马克思主义理论的传播和教育的研究，侧重于如何使人们接受马克思主义理论。思想政治教育学科与马克思主义发展史学科也有明显的区别，前者虽然也包括对马克思主义理论教育历史的研究，包括对马克思主义经典作家关于思想政治教育论述的研究，但它与把马克思主义作为一个整体来研究其发展历史和发展规律的马克思主义发展史学科明显不同。思想政治教育与马克思主义中国化研究学科也不相同，它虽然也会研究以毛泽东、邓小平、江泽民、胡锦涛、

---

① 白显良．论思想政治教育学科的科学定位——兼论思想政治教育的学科建设[J]．思想理论教育，2007(05)：41-48.

② 骆郁廷．思想政治教育学科发展的新趋势[J]．思想理论教育导刊，2009(03)：42-45.

习近平等为代表的中国共产党人关于思想政治教育学科的论述和思想，但它与研究马克思主义中国化历程和规律的学科也有比较清楚的学科界限。思想政治教育与国外马克思主义研究学科也有明显的不同。[①]

有学者认为，在几个二级学科中，马克思主义基本原理、国外马克思主义、马克思主义发展史、中国化马克思主义，都分别从不同侧面对马克思主义理论进行了具体的研究，这种具体的研究是必不可少的，是进行整体研究的前提与基础，它们都从不同方面为思想政治教育提供了明确的方向指导和丰富的理论资源。反之，思想政治教育又为这些学科理论的进一步发展提供了广阔的实践平台，是马克思主义从理论形态走向实践形态，并得到不断发展的必由之路。[②]

有学者认为，马克思主义理论学科下属的二级学科，有些偏重于理论，有些偏重于教育。但是，这并不代表几个二级学科之间存在明确的、不同类型的、人才培养任务的分工，如果这样，马克思主义理论学科的建设便失去了它作为独立的一级学科的本义。几个二级学科，要通过各有侧重的研究，共同服务于一种人才的培养，即兼通理论与教育的人才。[③]

三、关于思想政治教育学科与哲学社会科学其他学科关系定位

思想政治教育学作为一门综合性很强的学科，有其自身的学科特点，但作为一门学科，它不是孤立存在和发展的，而是在马克思主义理论的指导下，在辩证地借鉴与吸收其他学科中合理的、有益的理论成果的基础上不断发展壮大的，因而将思想政治教育学科放在整个哲学社会科学体系内，考察思想政治教育学科系统的外部关系，成为研究其学科定位的又一重要视角。

关于思想政治教育学与教育学的关系，有学者指出，思想政治教育学不是教育学的分支，也不是教育学学科的重复，而是一门拥有特定研究对象的独立的学科。教育学不专门研究思想政治教育，它全面地研究包括德育、智育、体育等在内的整体教育；思想政治教育学则专门研究思想政治教育，不只是研究学校的思想政治教育，还要研究全社会的思想政治教育。当然，思想政治教育学应当遵循

① 刘建军．思想政治教育学科建设[J]．思想理论教育，2007(07)：7-8.

② 李辽宁．思想政治教育学科定位的社会学视角[J]．学校党建与思想教育，2006(08)：27-30.

③ 沈壮海．思想政治教育学科的依托发展[J]．中国高等教育，2006(18)：32-34.

教育学的一般原理和规律，包括应用现代教育技术手段等。[①]

关于思想政治教育学与教育学中德育的关系，有学者指出，思想政治教育学科与教育学中的德育学科尽管有密切联系，甚至在某些对象和内容上有重合，但仍存在比较明显的差别。一方面，思想政治教育学科尽管带有教育学的特点，但更多地带有政治理论学科的特点，而德育学科则运用教育学的理论与方法，更多地体现教育学自身的特点；另一方面，思想政治教育学科不仅研究道德教育的规律，还研究政治教育、法治教育、思想教育、心理教育等方面的规律，研究这些不同类型教育活动的共同特征与规律。[②]

关于思想政治教育学与政治学的关系，有学者认为，政治学是思想政治教育学确定任务和内容的重要依据之一。政治学为思想政治教育学提供确定的政治理论观点或政治意识形态，而思想政治教育学研究把这种政治意识形态转变为个人意识，从而形成个人政治信仰的机制和规律。与政治学相比，思想政治教育学是一门实践性更强的科学，它的主要任务之一是研究怎样把一般的政治理论转变为特殊的个人政治信仰，把理论形态的政治思想变为实践形态的公民政治思想。[③]

关于思想政治教育学与社会学的关系，有学者认为，两者都把人的社会性这一观点作为自己的理论基础，社会学是研究整个社会，而思想政治教育学则只注重研究社会中思想政治教育这一社会政治教育现象；虽然两者都研究人，但是社会学是把人作为社会成员来研究的，把人的文化社会化过程或规律作为研究的重点，而思想政治教育学研究的重点是人的政治社会化过程或规律；两者都注重人的价值观研究，社会学注重人的社会价值观研究，而思想政治教育学注重人的政治价值观研究。[④]

关于思想政治教育学与心理学的关系，有学者认为，为了提高思想政治教育的有效性，思想政治教育学必须研究人的思想形成、发展的一般规律，研究人的心理活动规律，而心理学正好为这种研究提供了有关的理论知识和方法。思想政治教育学可以借鉴心理学的有关原理，通过心理学的手段达到思想政治教育的目

① 刘新庚，文银花．关于思想政治教育学学科界定的理论思考[J]．中南工业大学学报(社会科学版)，2002(02)：177-181.

② 刘建军．关于思想政治教育的学科内涵及建设的思考[J]．思想理论教育导刊，2007(03)：42-46.

③ 刘新庚，文银花．关于思想政治教育学学科界定的理论思考[J]．中南工业大学学报(社会科学版)，2002(02)：177-181.

④ 王瑞荪，竹立家．思想政治教育学[M]．北京：北京师范学院出版社，1989：69-70.

的。[①] 此外，学者们还对思想政治教育学与伦理学、美学、管理学、行为学等学科的关系进行了分析。

有学者认为，思想政治教育与其他人文社会科学学科的关系可以根据密切程度分为三类。一是相邻关系，主要指与马克思主义理论一级学科中其他二级学科的关系。这一关系非常密切，有些内容甚至会有交叉。二是依托关系，主要是指与伦理学、政治学、教育学、心理学等学科的关系，这些学科是思想政治教育的重要支撑。三是借鉴关系，如与逻辑学、语言学等学科的关系，思想政治教育学科研究可借鉴这些学科的知识。在依托和借鉴其他学科时，必须立足思想政治教育学科自身的阵地和自身的发展，为我所用，不能喧宾夺主。[②]

有学者主张以交叉学科的研究视角和理论视野观照、审视、研究思想政治教育，为思想政治教育的创新发展带来新的研究视角、新的研究方法、新的解决问题的方法手段和新的研究成果，认为这是时代发展的要求、实践创新的需要，也是学科建设的需求。思想政治教育工作者应自觉强化问题意识、开放意识和培育意识，积极研究和借鉴多学科的理论方法，拓展思想政治教育的研究视野和研究领域。[③]

有学者主张思想政治教育学科建设和思想政治教育工作需要多学科建设视野，借鉴和应用哲学、经济学、统计学、历史学、社会学、政治学、教育学、文化学、管理学、心理学等学科的概念原理和研究方法，借他山之石以攻玉，同时强调不能打破思想政治教育的学科边界，突破思想政治教育的学科内涵与定位。[④] 有学者指出，思想政治教育学科不仅需要借鉴其他学科高水平的理论成果与学术资源，也要力争在借鉴过程中创造出本学科的高水平的理论成果，但目前的研究存在“移植”多于“借鉴”的现象，对“借鉴还是移植”问题的处理与把握还不够成熟，存在很多不足。[⑤]

四、关于思想政治教育学科体系及研究领域定位

《国务院学位委员会、教育部关于调整增设马克思主义理论一级学科及所属

① 刘新庚，文银花．关于思想政治教育学学科界定的理论思考[J]．中南工业大学学报(社会科学版)，2002(02)：177-181.

② 周中之．思想政治教育学科发展的若干关系研究[J]．马克思主义与现实，2007(02)：183-185.

③ 冯刚．交叉学科视野下思想政治教育的创新发展[J]．思想理论教育导刊，2011(11)：84-88.

④ 王树荫．思想政治教育学科边界再思考[J]．思想教育研究，2013(06)：19-20.

⑤ 刘五景，金林南．借鉴还是移植：思想政治教育学科建设之思[J]．探索，2012(01)：122-126.

二级学科的通知》指出，思想政治教育学科研究范围包括思想政治教育的性质、规律、功能、内容、方法研究，中国共产党思想政治工作史与基本经验研究，马克思主义理论教育研究，中国化马克思主义教育研究，思想政治教育创新与发展研究，新时期世界观、人生观、价值观教育规律与特点研究，经济全球化条件下爱国主义教育与民族精神培养研究，思想政治教育案例研究，高校学生思想政治教育与管理工作研究，大学生职业道德教育研究，未成年人思想道德建设研究，干部与群众思想政治工作研究。

考察思想政治教育学科的研究体系及研究领域，也是学界定位思想政治教育学科的重要视角。有学者认为，思想政治教育学完整的学科理论体系包括：思想政治教育基本理论研究、思想政治教育的形成和发展研究、思想政治教育方法理论研究、思想政治教育管理理论研究。① 随着实践的发展和理论研究的深入，又有学者对以前的观点进行了修正并阐明原因，他们认为本学科理论体系由思想政治教育学基本理论、思想政治教育史和思想政治教育学的分支学科三部分构成。②

有学者认为，思想政治教育学科的研究大致有四个方面：思想政治教育历史发展的研究，包括思想政治教育理论史与实践史的研究；思想政治教育基本理论的研究，包括思想政治教育理论基础的研究、思想品德的个体发生发展研究、意识形态的社会发生发展研究以及基于这些方面的研究而进一步推进的思想政治教育本体论、目的论和方法论的研究；思想政治教育比较研究；思想政治教育实践及其创新与发展的研究，包括思想政治教育面临的新形势、新任务、新课题与新思路的研究，以及不同领域思想政治教育创新与发展的研究等。③

有学者认为，对于思想政治教育学科内部结构的分析应围绕“思想政治教育”这一核心词汇，沿着“是什么”“为什么”“怎么样”和“怎么办”的逻辑展开，思想政治教育学科可分为四类主干学科：一是思想政治教育学原理，以思想政治教育的本质研究为对象，延伸学科包括思想政治教育本质论、思想政治教育主体论、思想政治教育价值论等；二是思想政治教育哲学，以思想政治教育反思性研究为对象，延伸学科包括思想政治教育发生学、思想政治教育伦理学、思想政治教育人学等；三是思想政治教育现象学、思想政治教育史学和比较思想政治教育学，研究对象是思想政治教育的存在形式，延伸学科包括思想政治教育史论、中国古代

① 张耀灿，郑永廷，吴潜涛，等．现代思想政治教育学[M]. 北京：人民出版社，2001：40.

② 陈万柏，张耀灿．思想政治教育学原理[M]. 北京：高等教育出版社，2007：13-14.

③ 沈壮海．推进思想政治教育学科建设的思考[J]. 思想理论教育，2006(11)：33-36.

思想政治教育史、中国共产党思想政治教育史、国别专题和综合比较研究等；四是思想政治教育方法学，以思想政治教育的策略和方法为研究对象，延伸学科包括思想政治教育方法论、思想政治教育评价方法论、思想政治教育预测方法论等。[①]

有学者认为，思想政治教育学科体系和研究范围主要包括：思想政治教育学科基础理论研究，注重对思想政治教育原理层面有关问题的研究，致力于研究解决“元问题”和基本理论问题，为学科提供学理支撑；思想政治教育应用研究，面向现实生活中的实际问题，着力解释和解决现实生活中的思想政治问题；思想政治教育历史研究，着重揭示思想政治教育产生发展的过程和规律，总结思想政治教育的基本经验和教训；思想政治教育比较研究，对不同国家或地区的思想政治教育进行比较研究，主要是对中、外思想政治教育的比较研究；思想政治教育现实追踪研究，主要跟踪现实生活，随时观察和研究现实生活中的思想政治教育现象，也包括对最近一定时期的思想政治教育进行比较系统的研究。[②]

有学者认为，思想政治教育学科体系分为思想政治教育的理论学科、思想政治教育的应用学科和思想政治教育的方法论学科。思想政治教育的研究领域包括“人的思想和行为形成的各种因素，人的思想和行为相互联系的内在结构，以及人的思想行为的形成、变化和发展的规律性”，“思想政治教育的内在规律，以及开展思想政治教育应该遵循的方针、原则、方法和方式”等 12 个方面。[③] 也有学者认为，思想政治教育学科研究总体上分为三大领域，即思想政治教育工作、思想政治教育研究和思想政治教育研究之批评，并强调开展思想政治教育学科研究领域内的批评不仅具有重要的理论意义，而且具有十分明显的现实意义，应当加以提倡，使之在思想政治教育学科建设中发挥积极的作用。[④] 还有学者提出了“思想政治教育学科应定位为一级学科”的构想，将学科体系和研究领域设定为：基础学科，包括思想政治教育哲学、思想政治教育方法论、思想政治教育人学等；主干学科，包括思想政治教育学原理、思想政治教育方法学、思想政治教育史学和比较思想政治教育学；分支学科，包括思想政治教育实践、思想政治教育

① 李辽宁．思想政治教育学科发展的逻辑规律与内在动力[J]．思想理论教育，2010(05)：50-54.

② 刘建军．思想政治教育学科建设[J]．思想理论教育，2007(07)：38-46.

③ 苏振芳．思想政治教育的学科体系和理论体系研究[J]．思想教育研究，2006(07)：6.

④ 钱广荣．论思想政治教育学科研究之批评及其意义[J]．思想理论教育，2006(19)：43-45.

环境学等；实践研究，包括思想政治教育案例研究、思想政治教育文献研究等。[①]

第三节　加强和改进高校思想政治教育工作的重要意义

思想政治教育是阶级社会出现以来就存在的一项重要工作，是一定的阶级或政治集团为实现一定的政治目的，有计划地对人们施加意识形态的影响，以期转变人们的思想、观念和心理，塑造人们的政治立场、情感、价值和理想，并提升人们的道德境界，进而指导人们行为的社会实践活动。就当代中国的高校思想政治教育工作来说，其任务十分广泛，包括理想信念教育、爱国主义教育、公民道德教育、健康心理教育、人文素质教育等内容，是一项综合的培育人、塑造人、转化人的伟大工程。高校思想政治教育工作也是高校党建工作的中心内容之一。

一、重视思想政治教育工作是无产阶级政党的优良传统

（一）重视思想政治教育工作是无产阶级领袖们的一贯思想

人类进入阶级社会以后，思想教育就客观地存在着。马克思指出："统治阶级的思想在每一时代都是占统治地位的思想。这就是说，一个阶级是社会上占统治地位的物质力量，同时也是社会上占统治地位的精神力量。支配着物质生产资料的阶级，同时也支配着精神生产资料，因此，那些没有精神生产资料的人的思想，一般的是隶属于这个阶级的。"[②]所以，任何阶级社会的思想教育，就其实质来讲都是思想政治教育，只是在不同的社会形态中，思想政治教育代表不同的阶级利益。马克思创造了无产阶级解放的理论，无产阶级思想政治教育的理论是马克思主义理论的重要组成部分。

无产阶级的思想政治教育作为一门科学，是由马克思和恩格斯创立的。马克思和恩格斯创立马克思主义哲学、政治经济学、科学社会主义学说，为无产阶级政党的发展提供了坚实的理论基础，同时也对无产阶级政党的思想政治教育理论一系列原则做了科学的论述。马克思和恩格斯创立的辩证唯物主义和历史唯物主义世界观，是无产阶级认识自然、认识社会、认识人类自身的伟大理论武器，是

① 孙其昂．论思想政治教育的分化与学科定位[J]．思想教育研究，2013(06)：25-31.

② 马克思恩格斯选集：第1卷[M]．北京：人民出版社，1995：98.

无产阶级和被压迫人民求得解放，实现共产主义理想社会的武器。马克思在《〈黑格尔法哲学批判〉导言》中说："批判的武器当然不能代替武器的批判，物质力量只能用物质力量来摧毁；但是理论一经掌握群众，也会变成物质力量。理论只要说服人，就能掌握群众；而理论只要彻底，就能说服人。"[①]"理论在一个国家实现的程度，总是决定于理论满足这个国家的需要的程度。"[②]在这里马克思充分肯定了理论的伟大作用，自然也肯定了理论起作用的中介——思想政治教育的作用，没有后者，理论无法掌握群众。

思想政治教育这个概念是在实践中约定俗成的，它的提出和演变有一个历史过程。1847 年，马克思和恩格斯创立第一个无产阶级政党——共产主义同盟时，就在其章程中提出了"宣传工作"这一概念。政治工作是指一定的阶级、政党、团体为实现自己的纲领和根本任务而进行的活动，如阶级斗争、政权建设、党的思想和组织建设等。具体地说，组织工作、干部工作、统战工作、纪检工作等都属于政治工作的范畴。思想工作则是指一定的阶级、政党、团体帮助人们树立与社会发展要求一致的思想，改变偏离社会发展要求的思想所进行的活动。其目的是使人们的思想更符合客观实际，以便更好地改造客观世界和无产阶级自身。思想工作既包括政治性的思想工作，又包括非政治性的思想工作。

早在 1859 年，恩格斯就指出，"我们党有个很大的优点，就是有一个新的科学的观点作为理论的基础"[③]，即唯物主义历史观是无产阶级政党的理论基础和科学世界观。他们所创立的科学世界观及科学阐释的社会意识、对社会存在的反映与反作用的理论、人的本质及人的全面发展的理论、思想与物质利益相统一的原理，既揭示了人类历史发展的规律，提出了无产阶级的历史使命，又为思想政治教育奠定了坚实的科学理论基础。马克思和恩格斯还一致认为，无产阶级所需要的科学的革命理论——科学社会主义和无产阶级意识，不可能从工人运动中自发产生，只能由无产阶级政党从外部进行灌输。1847 年，马克思和恩格斯在他们起草的《共产主义者同盟章程》中明确提出，参加同盟的每一个成员，都要"具有革命毅力并努力进行宣传工作"[④]。这里的"宣传工作"实质上就是党的思想政治教育工作。马克思和恩格斯不仅提出了"宣传工作"这一概念，而且在以后很多

① 马克思恩格斯选集：第 1 卷[M]. 北京：人民出版社，1995：9.
② 马克思恩格斯选集：第 1 卷[M]. 北京：人民出版社，1995：11.
③ 马克思恩格斯选集：第 2 卷[M]. 北京：人民出版社，1995：39-40.
④ 马克思恩格斯全集：第 4 卷[M]. 北京：人民出版社，1958：572.

论著中反复论述了共产党人从事宣传工作的重要性、任务、内容及组织形式等。1864年，马克思在《国际工人协会成立宣言》中指出："工人们所具备的一个成功因素就是人数众多；但是只有当群众组织起来并为知识所指导时，人数众多才能起决定胜负的作用。"[①]这里，把"群众组织起来"并用"知识"加以指导，主要是指要用科学社会主义思想对工人群众进行宣传教育，最终才能使他们真正明确自己的历史责任，完成自己的历史使命。马克思和恩格斯不仅创立了科学理论，为思想政治教育奠定了理论基础，而且积极投身群众，不遗余力地为无产阶级的光辉事业开展宣传发动工作，积累了宝贵的经验，为无产阶级政党的思想政治教育工作奠定了坚实的理论和实践基础。

列宁领导俄国无产阶级进行了十月社会主义革命，建立了世界上第一个社会主义国家。在这个过程中，列宁结合俄国国情在新的历史条件下全面发展了马克思主义，也丰富和发展了马克思和恩格斯有关思想政治教育的科学理论。列宁反复强调马克思主义理论及其教育的重要性："没有革命的理论，就不可能有被压迫阶级，即历史上最革命的阶级的世界上最伟大的解放运动。"[②]"没有革命理论，就不会有坚强的社会党，因为革命理论能使一切社会党人团结起来，他们从革命理论中能取得一切信念，他们能运用革命理论确定斗争方法和活动方式。"[③]共产党是对工人阶级及广大群众进行思想政治教育的主体，因此，共产党只有用马克思主义理论武装起来，才能成为工人阶级的先锋战士，并担负起教育广大群众的责任。所以，革命理论对无产阶级革命和共产主义伟大事业具有无比重要的作用。列宁还基于马克思和恩格斯的"科学理论不会在工人运动中自发产生"的理论提出了"灌输"理论。无产阶级政党，应该把社会主义思想和政治自觉性灌输到无产阶级群众中去，组织一个和自发工人运动有紧密联系的革命政党。列宁还明确提出了"政治教育""政治教育工作"等概念，并指出了政治教育工作者的基本任务和政治教育的目的；指出了思想政治教育的长期性，并提出了一整套行之有效的思想政治教育的原则和方法；创立了党、政、军的思想政治教育工作管理机构，形成了一整套思想政治教育工作和宣传管理工作体系。总之，列宁对无产阶级思想政治教育在理论和实践上的贡献，标志着马克思主义思想政治教育达到了一个新的阶段。

---

① 马克思恩格斯选集：第2卷[M]. 北京：人民出版社，1958：606-607.

② 列宁全集：第21卷[M]. 北京：人民出版社，1959：332.

③ 列宁专题文集·论马克思主义[M]. 北京：人民出版社，2009：95.

列宁逝世后，斯大林继承了重视思想政治教育工作的传统，在苏联社会主义革命和社会主义建设中，进一步阐述和发展了思想政治教育理论。他提出了“政治工作”“思想工作”“政治教育”“政治思想工作”等科学概念，并且较系统地阐述了思想政治工作的基本内容，以及与经济工作等的辩证关系，反复强调用社会主义精神、共产主义精神教育工人、农民和知识分子，反复强调党必须要用马克思列宁主义理论武装起来。他曾指出，在国家工作和党的工作的任何一个部门中，工作人员的政治水平和马克思列宁主义觉悟程度与工作效率和成效成正比。

马克思、恩格斯、列宁等伟大的无产阶级领袖们在思想政治教育理论创立和实践的过程中不断探索，为无产阶级思想政治教育的发展做出了不可磨灭的贡献。各国无产阶级政党和他们的领袖根据时代形势和各国国情对其进行继承和创新，使马克思主义思想政治教育得以进一步发展。中国共产党在革命、建设和改革各个历史时期一直重视思想政治教育工作，新中国成立后党对高校思想政治教育十分重视，并形成中国共产党治理国家的传统，被称为生命线。

（二）重视思想政治教育工作是中国共产党的一贯传统

高度重视思想政治教育，充分发挥思想政治教育强有力的作用，是我们党的一大传统、一大优势、一条重要的历史经验。

在旧中国这样一个半殖民地半封建的落后农业国，要建立先进的无产阶级政党，没有先进的理论武装是不可想象的。中国也是一个农村人口居多的农业大国，革命的主力必然是农民。如何将小农生产者改造成坚强的革命者，是中国共产党成立之初的核心任务之一。事实上，中国共产党正是在科学的马克思列宁主义的指导下建立起来的。在曲折的革命过程中，中国共产党不断将马克思主义基本原理与中国革命的实际相结合，形成了中国化的马克思主义理论——毛泽东思想，进而不断用科学的马列主义、毛泽东思想教育党员，启蒙民众，确保了革命队伍的先进性，最终赢得了新民主主义革命的胜利，用不到30年的时间实现了中华民族的独立和中国人民的解放。中国共产党一成立，就通过办夜校、下工厂，对工人进行思想政治教育；在国民革命运动和土地革命战争时期，十分注意用科学的理论教育农民，提高他们的革命觉悟和自身的权利意识；继承马克思列宁主义的传统，用先进的理论教育军队，由此中国产生了不同于旧军阀的新式工农武装，在军备处于劣势的情况下，不断推进革命运动的发展，直至取得革命的胜利。中国共产党更重视对党员和干部的思想教育，在中国共产党的历史上，整党运动从未间断，成功的典范就是 20 世纪 40 年代的延安整风。1934 年 2 月，红军第一次全军政治工作会议提出“政治工作是红军的生命线”的重要论断。毛泽东还提出：“掌握思想教育是我们第一等的业务。”①中华人民共和国成立后，尤其是社会主义改造完成后，中国共产党更加重视思想政治教育工作，大力进行马克思主义理论教育和社会主义教育。1958 年，毛泽东在《工作方法六十条(草案)》中又提出：“思想工作和政治工作，是完成经济工作和技术工作的保证，它们是为经济基础服务的。思想和政治又是统帅，是灵魂。”②进一步阐明了思想政治工作的生命线意义。在改革开放过程中，邓小平同志十分重视思想政治教育。他始终提醒全党要加强和改进思想政治教育工作，提出物质文明建设和精神文明建设要两手抓，两手都要硬。在建设有中国特色的社会主义这个规模宏大的舞台上，邓小平同志作为改革开放的总设计师，既在经济领域成功地设计一张张宏伟蓝图，概括出许多新理论，也在思想政治教育工作中成功地设计一幕幕别开生面的场景，提炼出许多新观点。这些论述，对于加强思想政治教育工作具有很强的针对性和指导意义。江泽民同志也提出“要讲政治”，并说：“没有强有力的政治保证，经济建设是搞不好的。”③不难看出，重视与加强思想政治建设是我们党一贯坚持的重要思想。胡锦涛同志指出，“处在人生起步阶段的青年解决好立身做人问题，把学习科学文化与加强思想修养统一起来，把实现自身价值和服务祖国人民统一起来，对自身的成长进步至关重要”④。习近平总书记在中共中央政治局第五次集体学习时指出，“培养什么人、怎样培养人、为谁培养人是教育的根本问题，也是建设教育强国的核心课题”⑤，并进一步回答了这个根本问题，规划了这个核心课题的实施方略。这是对党的二十大精神“实施科教兴国战略，强化现代化建设人才支撑”的落实与深化，为全面推进教育现代化提供了思想指南。思政课是落实立德树人根本任务的关键课程，加强思政课建设，是解决教育根本问题最直接最关键的途径。

---

① 毛泽东文集：第 2 卷[M]. 北京：人民出版社，1993：375.

② 毛泽东文集：第 7 卷[M]. 北京：人民出版社，1999：351.

③ 江泽民文选：第 1 卷[M]. 北京：人民出版社，2006：516.

④ 胡锦涛文选：第 1 卷[M]. 北京：人民出版社，2016：325.

⑤ 习近平在中共中央政治局第五次集体学习时强调：加快建设教育强国　为中华民族伟大复兴提供有力支撑[N]. 人民日报，2023-05-30(01).

二、加强和改进高校思想政治教育工作是社会主义现代化建设的迫切需要

（一）加强和改进高校思想政治教育工作是大学生自身健康成长的内在需要

高校思想政治教育工作存在的理由从根本上讲来自人和社会发展的需要，是个人健康成长和社会顺利发展必不可少的工具。

人类的本质属性一般由生物性、社会性、精神性三个基本维度来界定。人首先是生物性的存在，在这方面，人和其他生物有更多的相似性。这种生物性的存在需要物质能量的供应，主要涉及人与自然的关系，为此人类要从事物质生产活动，需要不断发展科学技术，提高自身的工作效率，尽量从自然中获取更多的物质能量来支撑人类自身的生存和发展。同时，生物性的人也具有一般动物的不少特性，往往追求自身生理本能需要的最大化。但每个人能力的有限性使人类必须社会性地生存。就单独的个人来讲，具有自身难以克服的局限性，其改造自然获取能量的能力有限，必须结合成群体才能更好地生存；同时，在一定时空下，物质资源的稀缺性往往与人类需要的丰富性产生冲突，从而就产生了个体需要与群体需要之间的矛盾。如何处理好个人与他人、个人与社会、个人与民族或国家的关系，内在地要求每个人在成长过程中必须时时面对这一问题，这既关乎利益的分配问题(严格来说属于政治问题范畴)，也关乎伦理道德的修养问题，能否正确把握群己关系的知识，决定了一个人能否健康顺利地成长。然而，历史上积累的人生知识、科学技术和种种智慧等，不能够通过生理遗传而获得，只能通过后天的学习和实践活动获得。这就内在地决定了思想政治教育工作存在的合理性。

另外，人和一般动物的根本不同之处还在于人类的精神性存在，具有高智商的人不会满足于填饱肚子，还一直寻求生活的意义。每个人都需要有理想和信仰，追求自尊和自由，渴望独立。然而，理想和信仰的建立和实现，自尊独立与自由的获得，取决的条件众多，本身也是一个理论创新的过程，符合人类社会发展规律的理论体系是通过艰辛的理论创新过程形成的，同时也必须通过社会化的过程，内化为社会每个成员的自觉追求，这自然也离不开思想政治教育工作。

从以上论述来看，一个人的健康成长，绝不是一件容易的事。每个人必须通过后天的学习掌握自然科学知识，更需要通过后天的教育掌握做人的基本道理，能够恰当地处理个人与社会的关系，同时明白人生的意义，只有这样才能不断地提高自己的素质，取得创新性的成就，充实而幸福地度过自己的一生。

高等院校是培养人才的大本营，是青年成才的摇篮。青年大学生朝气蓬勃，有了初步的世界观、人生观，对许多问题也有了自己的见解，但距离成为社会主义建设的优秀栋梁之材还有很大的距离，对许多问题的分析还缺乏深刻的洞悉能力，正确的世界观、人生观、价值观还有待进一步体悟。

处于青春期的大学生，自尊心强，好胜心强，也具有摆脱权威追求独立的一面，这些都是青年人的优点，是青年大学生追求上进、敢于创新的基础。但青年大学生也有许多自身的局限，长期在相对封闭的校园中成长，对社会了解较少，没有生活挫折的历练，对人生应该具备的相关知识了解不多，体悟不深，需要接受更为系统深入的世界观、人生观、价值观教育，将人之所以为人的本质要求化为自己内在的要求。

青年大学生不乏爱国热情，但由于对人类社会发展的规律了解不深，对社会主义建设的规律知之甚少，因此，一旦个人遭遇不幸或者看到社会发展中的不公平及腐败等现象，往往不能够理性地进行分析，从而理想动摇、心情郁闷、心中充满迷茫。如果长期不能解决这类思想问题，学生轻则厌学，重则出现心理障碍甚至堕落，以致不能长成有用的参天大树。

所以，针对青年大学生的实际状况，加强高校思想政治教育工作是大学生顺利成才的重要一环，不可缺少。未来的社会需要越来越多的全面发展的高素质人才，公平竞争意识、团队合作精神、民主法治精神、百折不挠的意志等，成为21世纪青年大学生走向成功的必备素质。高校一定要改变只重视专业学习，而忽视理想教育、政治教育、道德教育、心理教育的现状，为学生成为合格的社会主义建设者奠定坚实的基础。

另外，高校思想政治教育的对象不仅仅是大学生，也包括高校的领导、教师等各类人群，加强高校思想政治教育工作是中国高等院校健康发展的保证。高校担负着立德树人的主要任务和责任，要求高校领导班子必须按照社会主义政治家、教育家的要求，做到理论清醒，政治坚定，能够把握学校改革发展方向，稳定大局，能够坚持社会主义办学方向，全面贯彻党的教育方针，培养德智体美劳全面发展的社会主义建设者和接班人。《中共中央、国务院关于进一步加强和改进大学生高校思想政治教育的意见》，明确把“培养什么人，如何培养人”作为高校工作的根本任务，这就要求我们站在全局和战略的高度，充分认识高校在加强党的执政能力建设中所肩负的重要使命，努力探讨新形势下教育发展的新规律，牢牢掌握社会主义人才培养工作的主导权，在市场经济条件下，确保高校是切实为人民服务的学校，是贯彻习近平新时代中国特色社会主义思想的楷模，是构建和谐社会的重镇，为全面建设社会主义现代化国家做出自己最大的贡献。

（二）加强和改进高校思想政治教育工作是当前关系党和国家工作全局的战略任务

全面建设社会主义现代化国家是当前党和国家的重要战略任务，为此中国共产党还提出了全面深化改革、全面依法治国、全面治党从严的重大战略思想。"四个全面"战略布局的提出标志着中国特色社会主义建设进入一个新的阶段。要实现以上战略任务并不是一件容易的事，加强和改进高校思想政治教育工作是实现这些战略任务不可缺少的一环。

加强高校思想政治教育的重要性首先来自高等学校在全面建设社会主义现代化国家过程中的不可替代的根本作用。社会发展的主体是人，离开人这一生产力诸要素中最活跃、最革命的因素，发展也就无从谈起。没有人的全面发展，就不可能有社会的全面发展。世界各国的发展，以及我国社会主义建设和改革的实践都证明了这样一个道理：国家建设最根本的条件在人才，没有大量合格的人才，一切建设都会沦为空话。科教兴国是全面建设社会主义现代化国家的必由之路。正因为如此，改革开放以来，我们党在高度关注经济建设的同时，更高度关注人的发展，关注人的思想政治教育。

在中国这样一个人口众多的发展中大国，全面建设社会主义现代化国家任重而道远，需要广大青年具有较高的马克思主义理论素养，具有坚定的社会主义理想信念，具有强烈的爱国主义情怀，具有高尚的道德品格和健全的身心。只有这样，青年学生才能具有无限的动力去刻苦学习，全身心地投入社会主义现代化建设的主战场。改革开放四十多年来，中国特色社会主义现代化建设取得了举世瞩目的巨大成就，但也面临着不少发展问题，并不同程度地影响着大学生的思想状况。城乡之间、东西部地区之间存在的不平衡发展问题，收入差距有扩大之势，经济发展过程中资源紧张、环境破坏严重，涉及民生领域的社会建设不到位等，都成为实现"四个全面"战略布局必须严肃面对的问题，也将影响高校大学生的思想状况。高校大学生是未来社会主义建设的接班人，是实现中华民族伟大复兴中国梦的主力军，他们是否能够认识到国家所处的严峻的国际国内形势，是否有能力理解和分析国内外各种矛盾，能否把中国特色社会主义的伟大旗帜扛下去，能否全面、成功推进中国的改革开放，能否为经济建设、政治建设、文化建设、社会建设和生态文明"五位一体"总体布局而努力工作、艰苦奋斗，他们的思想道德素质、科学文化素养和身心素质如何，直接关系到人才强国战略的落实，关系到党和国家的发展。

青年大学生精神需求的满足和精神生活质量的不断提升，思想道德素质、科学文化素质和健康素质的不断提高，维护自己政治、经济、文化权利能力的不断增强，进而实现自己的全面发展，都离不开科学有效的思想政治教育。高校思想政治教育工作和德育工作的根本任务，就是用习近平新时代中国特色社会主义思想武装学生头脑，用爱国主义、集体主义、社会主义的精神，培养大学生，使其具有民族自豪感、时代使命感和奋斗紧迫感。思想政治工作是我们党的政治优势，如果舍弃了信仰、信念和人生观、价值观教育，放弃了思想政治工作，就会失去党对青年大学生的感召力，青年大学生的成长就会失去方向，党和国家的发展就会受到影响。在这个问题上，我们不能有丝毫动摇。任何怀疑、削弱高校思想政治教育工作的观点和做法都是错误的、有害的。只有切实加强和改进高校思想政治教育工作，培养造就千千万万具有高尚思想品质、良好道德修养、掌握社会主义现代化建设需要的丰富知识和扎实本领的优秀人才，使大学生能够与时代同步伐、与祖国共命运、与人民共奋斗，才能确保党和人民的事业代代相传、国家长治久安。毋庸置疑，加强和改进高校思想政治教育工作，是一项关系党和国家工作全局的战略任务。

总之，加强高校思想政治教育，以学习贯彻马克思主义中国化的最新成果——习近平新时代中国特色社会主义思想为核心，使之进课堂、进头脑，是解决青年大学生思想问题的根本，是青年大学生成为国家栋梁之材的必然要求。高校思想政治教育具有凝聚人心、社会动员的基本功能，关系着全面建设社会主义现代化国家的全局，全社会必须在思想上给予高度重视，在人力和物力上给予保障，确保社会主义现代化建设的生力军——青年大学生健康成长。

（三）加强和改进高校思想政治教育工作是应对现实严峻挑战的迫切需要

当今世界不断发生变化，我国改革已进入攻坚期和深水区，从而给高校思想政治教育提出了新挑战，迫切需要我们进一步加强和改进高校思想政治教育工作，适应新形势，克服新困难，取得新成就。

全球化进程加快也给高校思想政治教育提出了新课题。“全球化”是一个内涵十分丰富的概念，主要是指经济发展的世界一体化进程，具体讲就是阻碍生产的要素在各国各地区之间不断减少，壁垒已经削弱并且还会继续削弱，各国联系越来越紧密，相互依赖程度越来越高，日益融为一体。我国经济近年来的飞速发展，与经济全球化有直接关系，但伴随经济全球化进程的加快，世界各国的人员交流、文化交流也呈不断加强之势。全球化冲击着我国的主流意识形态，使意识形态斗争日趋复杂化。一是西方生活方式、意识形态、价值观念等，对我国意识形态、价值观念产生冲击。二是全球化使我国对外开放进一步扩大，决定了我国社会主义现代化建设过程中必然伴随着各种社会思潮的涌入，造成了部分青年大学生思想观念的混乱，大学生思想观念、政治态度和价值取向呈现多样化趋势。三是全球化在一定程度上消减了爱国主义精神和民族主义精神。所有这些，导致一些大学生对社会主义和共产主义信仰的动摇，使社会主义核心价值观受到削弱。全球化是资本主义市场经济的全球性扩展，是在全球范围内的资源有效配置，具有不可阻挡的趋势。培养学生形成全球视野，是新形势下高校思想政治教育的内容之一，同时，也必须在开展思想政治教育过程中帮助学生摆脱一些认识误区。对青年大学生的教育，既要使他们能够理解国家参与经济全球化过程中面临的种种情况，又要使之能够深刻理解世界经济和政治格局变化的性质及趋势，能够冷静应对这一变化过程中可能出现的各种复杂的局面。全球化不是西化。作为中国特色社会主义发展生力军的青年大学生，不仅要具有现代科学技术、世界政治经济和管理等方面的知识和素质，更要具有维护国家主权、国家利益和国家安全的政治素质，以及爱国主义、集体主义和社会主义的思想素质。所以，如何把爱国主义、集体主义和社会主义教育提升到提高人的素质教育的中心地位，成为高校思想政治教育工作的重要任务之一。

改革开放四十多年，中国的综合国力已经位于世界前列，这是一些西方发达国家不乐意看到的。国际敌对势力对我国“西化”“分化”的图谋由来已久，且从未放松。他们利用我国全面开放的机会，通过文化资源、技术资源、经济物质优势等手段和途径，兜售其价值观念，有意识地传播错误的思想意识、行为习惯和生活方式，甚至不惜歪曲和捏造事实，加紧对我国下一代进行思想文化渗透与腐蚀。当前互联网信息技术迅猛发展、社会信息化程度不断提高，世界范围内不同文化互相激荡的情势也使大学生成长的文化环境更加复杂，大学生面临着大量西方文化思潮和价值观念的冲击，外来的和本土的、进步的和落后的、积极的和颓废的思想文化相互碰撞，既有吸纳又有排斥，既有融合又有斗争，既有渗透又有抵触，导致大学生思想信息接受方式和内涵发生深刻变化。如何使大学生明辨是非，学会用马克思主义的立场、观点、方法去分析、辨别、吸收、批判众多的复杂信息，就成为高校思想政治教育必须解决的问题。互联网的迅猛发展给高校思想政治教育带来了前所未有的挑战。一方面，网络信息具有传播速度快影响范围广、渗透作用大等特点；另一方面，网络信息又是一把“双刃剑”，在带来现代文明的同时，也可能对涉世未深的大学生造成误导。主动占领校园网络舆论阵地，牢牢把握高校思想政治教育的网络主动权，是当前高校思想政治教育面临的新问题。为此，本书的第四章重点对高校思想政治教育网络教学模式建构进行了研究与论述。

第二章

新时期高校思想政治教育的理论研究

第一节 新时期高校思想政治教育的理论基础

坚持以完整、准确的马克思主义科学体系为根本指导思想，是新时期高校思想政治教育的理论基础。坚持以完整、准确的马克思主义科学体系为理论基础包含两方面的含义：一方面，要始终坚持以整体性的马克思主义科学体系为指导；另一方面，要始终坚持以马克思主义中国化的最新理论成果为指导。

一、新时期高校思想政治教育工作的理论基础

（一）坚持以整体性的马克思主义科学体系为指导

从上面内容的分析中我们知道要理解马克思主义的整体性，必须首先回答“什么是马克思主义，怎样坚持马克思主义”这个首要的基本理论问题，同时弄清我们应该“坚持什么样的马克思主义，如何坚持马克思主义”。过去对这个问题的认识正如邓小平指出的“没有完全搞清楚”。邓小平提出问题后，便引起了全党的重视，尤其是东欧剧变、苏联解体后，人们对“坚持什么样的马克思主义，如何坚持马克思主义”也更为关注。要全面理解和回答上述问题，就必须从以下几个方面入手。

1. 坚持马克思主义的本质规定性

坚持马克思主义的本质规定性直接体现了马克思主义的性质和实质，并对坚持马克思主义的基本原理、基本特征起着决定性作用。对马克思主义的本质规定性做出不同的回答，就会形成不同的马克思主义观，例如人道的马克思主义、民主的马克思主义、生态的马克思主义、革命的马克思主义、建设的马克思主义等。正确、全面的马克思主义观对马克思主义的本质规定性的认识包含以下几点：一是辩证唯物主义和历史唯物主义的世界观和方法论，这是马克思主义最根本的理论特征和理论基石；二是科学社会主义和共产主义，这是马克思主义的根本性质和最崇高的社会理想；三是为无产阶级和广大人民群众谋利益，这是马克思主义最根本的政治立场和宗旨；四是坚持与时俱进，这是马克思主义的最根本的理论品质。这四点是马克思主义内在的本质规定性，是保障马克思主义不变质、不变色的根本，是区分真假马克思主义的分水岭和试金石，也是揭示马克思主义中国化客观规律的关键性所在。

2. 坚持马克思主义的基本原理

马克思主义的基本原理，是马克思主义科学理论体系中的基本内容，是马克

思主义本质规定性的生动体现。它是指由马克思、恩格斯及其继承者们创立和发展的、经过社会实践反复检验所证明了的那些科学原理，即关于自然、社会和思维发展的一般规律，也就是马克思主义哲学、政治经济学、科学社会主义的基本原理和基本观点。

它主要包括以下三个方面的内容。一是马克思主义哲学中的基本原理。例如，关于哲学基本问题的原理、反映论的原理、历史决定论的原理。值得注意的是，有人以科技迅猛发展为由，认为马克思主义的物质观原理、反映论原理都已过时，都没有超出“旧唯物主义”，不能解释科技革命新成果，应当用现代系统论取代唯物辩证法原理。在唯物史观讨论中，也有人力图用社会技术经济形态取代社会经济形态。例如，称“知识经济是人类历史上出现的崭新的经济形态”，认为“媒介成为今后社会形态变革的唯一动力、区分社会形态的标志”等；有人将历史决定论(社会存在决定社会意识)说成是否定人的意志作用的“机械决定论”；有人从总体上否定唯物史观，对它全面质疑、批判，贬之为“传统唯物史观”，要求超越唯物史观，代之以“系统史观”。二是政治经济学中的基本原理。主要有劳动价值论、剩余价值论、所有制理论。值得注意的是，有人认为劳动价值论已过时，认为劳动不是创造价值的唯一源泉，提出“资本也能创造价值”“资本家也是剩余价值的创造者”，主张用“要素价值论”代替“劳动价值论”，进而否定“剩余价值论”。三是科学社会主义中的基本原理。如关于资本主义和社会主义的历史命运的理论、无产阶级专政的理论、阶级斗争和阶级分析方法的理论等，值得注意的是，有人以资本主义的新发展、新变化为由，否定“两个必然”的历史命运，说社会主义、共产主义是无法实现的乌托邦。上述这些错误论调都是对马克思主义基本原理的挑战和否定。因此，对马克思主义基本原理结合实际做出马克思主义的科学阐释，严肃对待挑战，是当代马克思主义者的历史责任。

3. 坚持马克思主义的基本特征

马克思主义的基本特征是马克思主义的本质规定性和基本原理的外在表现，是马克思主义与其他思想体系根本区别的标志。马克思主义基本特征分为两个层次，第一个层次是指列宁所说的阶级性(党性)、实践性、科学性，这是马克思主义最根本的特征，第二个层次是指开放性、动态性(发展性)、创新性，是第一个层次特征的必然要求和具体体现。总之，马克思主义的本质规定性、基本原理和基本特征是既相辅相成又内在统一的。我们要坚持马克思主义，最根本的是要坚持马克思主义的本质规定性、坚持马克思主义的基本原理和马克思主义的基本特征，坚持其阶级性、实践性、科学性和创新性。我们要坚持的马克思主义是以辩证唯物主义和历史唯物主义为理论特征和世界观、方法论基础的马克思主义。因为“辩证唯物主义和历史唯物主义的世界观和方法论，是马克思主义最根本的理论特征”①。我们要坚持的马克思主义是以实现共产主义最高理想为根本目标的科学社会主义或科学共产主义学说。因为“实现物质财富极大丰富、人民精神境界极大提高、每个人自由而全面发展的共产主义社会，是马克思主义最崇高的社会理想”②。我们要坚持的马克思主义是以致力于为最广大人民谋利益作为自己根本政治立场的无产阶级学说。因为“马克思主义政党的一切理论和奋斗都应致力于实现最广大人民的根本利益，这是马克思主义最鲜明的政治立场”③。我们要坚持的马克思主义是以与时俱进为根本理论品质的马克思主义。因为“坚持一切从实际出发，理论联系实际，实事求是，在实践中检验真理和发展真理，是马克思主义最重要的理论品质。”④

只有按照科学的马克思主义观的根本要求去做，才能正确坚持马克思主义。为此，一是必须完整、准确地把握马克思主义理论的科学体系，即由实践反复证明了的真理所构成的科学体系，把握它，才能真正领会其精神实质。反对任何对马克思主义的割裂、肢解、歪曲、断章取义、以偏概全和庸俗化。这就要求我们必须深入研究马克思主义发展史、马克思主义基本原理以及马克思主义的立场、观点和方法，引导人们用科学的态度对待马克思主义，用发展着的马克思主义指导新的实践。通过深入研究，正确地回答哪些是必须长期坚持的马克思主义基本原理，哪些是需要结合新的实际加以丰富发展的理论判断，哪些是必须破除的对马克思主义的教条式的理解，哪些是必须澄清的附加在马克思主义名下的错误观点，只有这样，我们才能更好地坚持和发展马克思主义。二是必须坚持和巩固马克思主义在意识形态领域的指导地位，勇敢回应种种挑战和攻击，旗帜鲜明地捍卫马克思主义。如面对所谓的“过时论”“破产论”“失败论”“终结论”，应做出科学的、有充分说服力的回答；面对国内各种新情况新挑战，应搞好理论联系实际的宣传说明，用马克思主义中国化最新成果武装人们头脑。三是必须坚定不移地推进马克思主义中国化。正如江泽民所说：“坚持马克思主义，要在解决实际问题

① 王家芳，等．马克思主义中国化实现机制研究[M]．北京：人民出版社，2011：131.

② 王家芳，等．马克思主义中国化实现机制研究[M]．北京：人民出版社，2011：131.

③ 胡锦涛．在“三个代表”重要思想理论研讨会上的讲话[M]．北京：人民出版社，2003：8.

④ 胡锦涛．在“三个代表”重要思想理论研讨会上的讲话[M]．北京：人民出版社，2003：9.

的进程中来落实，要用实践的效果来检验。”[①]用马克思主义中国化的最新成果解决中国重大实际问题，把中国特色社会主义不断向前推进才能真正坚持马克思主义。“马克思主义的一个基本道理，就是不能用本本去框实践，而只能用实践去发展本本。”[②]“确立以实际问题为中心研究马克思主义的方法，是我们党一贯倡导的科学方法论。”[③]四是必须不断丰富、发展和创新马克思主义。坚持马克思主义和发展马克思主义是辩证统一的。理论创新必须以坚持马克思主义基本原理为前提，否则就会迷失方向，就会走上歧途，而坚持马克思主义又要以根据实践的发展不断推进理论创新为条件，否则马克思主义就会丧失活力，就不能很好地坚持下去，坚持在实践基础上的理论创新是坚持马克思主义的必需的条件、要求。理论创新要做到两个“坚定不移，不能含糊”，一是必须坚持马克思主义的立场、观点和方法，坚持马克思主义的基本原理。这一点，要坚定不移，不能含糊。二是一定要贯彻解放思想、实事求是的思想路线，坚持勇于追求真理和探索真理的革命精神。这一点，也要坚定不移，不能含糊。我们还必须明确：坚持马克思主义基本原理主要是坚持它的立场、观点和方法；在坚持马克思主义的过程中，必须始终贯彻解放思想、实事求是、与时俱进的思想路线。否则，就不是真正的马克思主义者。

（二）坚持以马克思主义中国化的最新理论成果为指导

在坚持马克思主义中发展马克思主义，这是对马克思主义的科学态度和发挥马克思主义创造活力的关键所在，也是中国共产党的优良传统和21世纪仍须继续坚持的根本战略原则。中国共产党在20世纪80年代末90年代初的东欧剧变、苏联解体中，之所以能够经受住国际形势风云剧变的严峻考验，坚持住马克思主义在意识形态领域的指导地位，其根本原因也正是因为如此。中国共产党在把马克思列宁主义同中国的实际相结合的过程中，探索形成了马克思主义中国化的一系列理论成果——毛泽东思想、邓小平理论、“三个代表”重要思想、科学发展观、习近平新时代中国特色社会主义思想。以习近平同志为主要代表的中国共产党人，坚持把马克思主义基本原理同中国具体实际相结合、同中华优秀传统文化相结合，坚持毛泽东思想、邓小平理论、“三个代表”重要思想、科学发展观，深刻总结并充分运用党成立以来的历史经验，从新的实际出发，创立了习近平新时

---

① 江泽民文选：第3卷[M]. 北京：人民出版社，2006：339.

② 江泽民文选：第3卷[M]. 北京：人民出版社，2006：338.

③ 江泽民文选：第3卷[M]. 北京：人民出版社，2006：339.

代中国特色社会主义思想。[①] 习近平新时代中国特色社会主义思想是当代中国马克思主义、二十一世纪马克思主义，是中华文化和中国精神的时代精华，实现了马克思主义中国化新的飞跃。[②] 我们党不断推进马克思主义中国化取得的理论创新成果不仅极大地丰富了马克思主义的理论宝库，推动了马克思主义的发展，而且也为思想政治教育学奠定了更为丰富、坚实的理论基础。我们用马列主义、毛泽东思想、邓小平理论、“三个代表”重要思想、科学发展观、习近平新时代中国特色社会主义思想来指导思想政治教育的学科建设，用中国特色社会主义理论来指导学科建设。因为马克思主义是随着时代、实践和科学的发展而不断发展的，不是一成不变的。我们党在长期革命斗争中形成了理论联系实际的优良传统和优良学风，而且把是否实行马克思主义的基本原理同中国革命的实践相统一作为党是否成熟以及成熟程度的标准来看待。在新形势下，建设中国特色社会主义，包括建设中国特色的社会主义思想政治教育学仍然必须发扬这个优良传统。一方面，要牢记马克思主义基本原理不能丢，丢了就会丧失根本；另一方面，还要以我国改革开放和现代化建设的实际问题、以我们正在做的事情为中心，着眼于马克思主义理论的运用，着眼于实际问题的理论思考，着眼于新的实践和理论的发展。中国特色社会主义进入新时代，面对种种复杂形势，面对新的挑战，思想政治教育工作者应始终坚持以马克思主义为指导，贯彻习近平新时代中国特色社会主义思想，完成立德树人的教育任务。

（三）《国家中长期教育改革和发展规划纲要（2010—2020 年）》中值得关注的思想政治教育重点

1. 坚持以人为本

全面实施素质教育是教育改革发展的战略主题，是贯彻党的教育方针的时代要求，其核心是解决好“培养什么人、怎样培养人”的重大问题，重点是面向全体学生、促进学生全面发展，着力提高学生服务国家服务人民的社会责任感、勇于探索的创新精神和善于解决问题的实践能力。

2. 坚持德育为先

立德树人，把社会主义核心价值体系融入国民教育全过程。加强马克思主义中国化最新成果教育，引导学生形成正确的世界观、人生观、价值观；加强理想

① 中共中央关于党的百年奋斗重大成就和历史经验的决议[M]. 北京：人民出版社，2021：23-24.

② 中共中央关于党的百年奋斗重大成就和历史经验的决议[M]. 北京：人民出版社，2021：26.

信念教育和道德教育，坚定学生对中国共产党领导、社会主义制度的信念和信心；加强以爱国主义为核心的民族精神和以改革创新为核心的时代精神教育；加强社会主义荣辱观教育，培养学生团结互助、诚实守信、遵纪守法、艰苦奋斗的良好品质；加强公民意识教育，树立社会主义民主法治、自由平等、公平正义理念，培养社会主义合格公民；加强中华民族优秀文化传统教育和革命传统教育。把德育渗透于教育教学的各个环节，贯穿于学校教育、家庭教育和社会教育的各个方面。切实加强和改进未成年人思想道德建设和大学生思想政治教育工作。构建大中小学有效衔接的德育体系，创新德育形式，丰富德育内容，不断提高德育工作的吸引力和感染力，增强德育工作的针对性和实效性。加强辅导员、班主任队伍建设。

3. 坚持能力为重

优化知识结构，丰富社会实践，强化能力培养。着力提高学生的学习能力、实践能力、创新能力，让学生学会知识技能，学会动手动脑，学会生存生活，学会做人做事，促进学生主动适应社会，开创美好未来。

4. 坚持全面发展

全面加强和改进德育、智育、体育、美育。坚持文化知识学习与思想品德修养的统一、理论学习与社会实践的统一、全面发展与个性发展的统一。加强体育，牢固树立健康第一的思想，确保学生体育课程和课余活动时间，提高体育教学质量；加强心理健康教育，促进学生身心健康、体魄强健、意志坚强；加强美育，培养学生良好的审美情趣和人文素养；加强劳动教育，培养学生热爱劳动、热爱劳动人民的情感；重视安全教育、生命教育、国防教育、可持续发展教育。促进德育、智育、体育、美育有机融合，提高学生综合素质，使学生成为德智体美劳全面发展的社会主义建设者和接班人。

二、新时期高校思想政治教育工作的内容

（一）深入开展社会实践

社会实践是高校思想政治教育的重要环节，对于促进大学生了解社会、了解国情、增长才干、锻炼毅力、培养品格、增强社会责任感具有不可替代的作用。要建立大学生社会实践保障体系，探索实践育人的长效机制，引导大学生走出校门，到基层去，到工农群众中去。高校要把社会实践纳入学校教育教学总体规划和教学大纲，规定学时和学分，提供必要经费。积极探索和建立社会实践与专业

学习相结合、与服务社会相结合、与勤工助学相结合、与择业就业相结合、与创新创业相结合的管理体制，增强社会实践活动的效果，培养大学生的劳动观念和职业道德。利用好寒暑假，开展形式多样的社会实践活动。积极组织大学生参加社会调查、生产劳动、志愿服务、公益活动、科技发明和勤工助学等社会实践活动。重视社会实践基地建设，不断丰富社会实践的内容和形式，提高社会实践的质量和效果，使大学生在社会实践活动中受教育、长才干、做贡献，增强社会责任感。

（二）大力建设校园文化

校园文化具有重要的育人功能，要建设体现社会主义特点、时代特征和学校特色的校园文化，形成优良的校风、教风和学风。大力加强大学生文化素质教育，开展丰富多彩、积极向上的学术、科技、体育、艺术和娱乐活动，把德育与智育、体育、美育有机结合起来寓教育于文化活动中。要善于结合传统节庆日、重要时间节点和开学典礼、毕业典礼等，开展特色鲜明、吸引力强的主题教育。重视校园人文环境和自然环境建设，完善校园文化活动设施，建设好大学生活动中心。加强校报、校刊、校内广播电视和学校出版社的建设，加强对哲学社会科学研讨会、报告会、讲座的管理，绝不给错误观点和言论提供传播渠道。坚决抵制各种有害文化和腐朽生活方式对大学生的侵蚀和影响。禁止在学校传播宗教。

（三）主动占领网络思想政治教育新阵地

要全面加强校园网的建设，使网络成为弘扬主旋律、开展思想政治教育的重要手段。要利用校园网为大学生学习、生活提供服务，对大学生进行教育和引导，不断拓展高校学生思想政治教育的渠道和空间。要建设好融思想性、知识性、趣味性、服务性于一体的主题教育网站或网页，积极开展生动活泼的网络思想政治教育活动，形成线上线下思想政治教育的合力。要密切关注网络动态，了解大学生思想状况，加强同大学生的沟通与交流，及时回答和解决大学生提出的问题。要运用技术、行政和法律手段，加强校园网的管理，严防各种有害信息在网上传播。加强网络思想政治教育队伍建设，形成网络思想政治教育工作体系，牢牢把握网络思想政治教育主动权。

（四）开展深入细致的思想政治工作和心理健康教育

要结合高校学生实际，深入开展谈心活动，有针对性地帮助高校学生处理好学习成才、择业交友、健康生活等方面的具体问题，提高思想认识和精神境界。

要重视心理健康教育，根据大学生的身心发展特点和教育规律，注重培养大学生良好的心理素质和自尊、自爱、自律、自强的优良品格，增强大学生克服困难、经受考验、承受挫折的能力。要制订高校学生心理健康教育计划，确定相应的教育内容、教育方法。要建立健全心理健康教育和咨询的专门机构，配备足够数量的专兼职心理健康教育教师，积极开展高校大学生心理健康教育和心理咨询辅导，引导大学生健康成长。

（五）努力解决大学生的实际问题

思想政治教育既要教育人、引导人，又要关心人、帮助人。高校要从严治教，加强管理，改善办学条件，提高教育教学质量，为大学生成长成才创造条件。要加强对经济困难大学生的资助工作，以政府投入为主，多方筹措资金，不断完善资助政策和措施，形成以国家助学贷款为主体，包括助学金、奖学金、勤工助学基金、特殊困难补助和学费减免在内的助学体系，帮助经济困难大学生完成学业。要帮助大学生树立正确的就业观念，引导毕业生到基层、到西部、到祖国最需要的地方建功立业。要进一步建立健全高校学生就业指导机构和就业信息服务系统，提供高效优质的就业创业服务。通过服务育人、管理育人，把党和政府对大学生的关怀落到实处。

三、新时期思想政治教育的理论体系

关于思想政治教育学科理论体系的内容构成，学术界的看法也都大同小异。比如有的人认为由基础理论、应用理论、管理理论三部分构成；有的人认为由基本理论、教育对象、工作规律三部分构成，这种观点重视教育对象研究固然好，可是从基本理论分离出来的条件来看，目前却尚不成熟。同时，这种划分法也欠完整；还有的人认为，由历史部分、范畴体系、基本理论、方法理论和管理理论五部分构成，本书认为对范畴的研究属于基本理论，单独划出仍欠妥。

因此，本书认为思想政治教育学的完整学科理论体系包括以下四个部分内容：思想政治教育基本理论研究、思想政治教育的形成和发展研究、思想政治教育方法理论研究和思想政治教育管理理论研究。

思想政治教育基本理论研究，主要是研究自身所特有的一系列基本概念、范畴和基本原理。这部分包括思想政治教育学的理论基础研究，思想政治教育学的研究对象研究，思想政治教育的功能和价值研究，思想政治教育的过程及规律研究，思想政治教育对象和接受研究，思想政治教育的目的和任务研究，思想政治教育的内容及方针、原则研究，思想政治教育与社会环境的研究等。

思想政治教育的形成和发展研究，是研究思想政治教育在阶级社会的普遍性和历史发展，研究在马克思主义指导下批判继承、批判借鉴的问题。包括马克思主义诞生前即奴隶社会、封建社会、古典资本主义社会的思想教育政治历史考察，近现代资本主义社会思想政治教育研究，无产阶级思想政治教育史研究。在丰富的历史遗产中，应当重点研究无产阶级，尤其是中国共产党领导下的思想政治教育的历史经验和优良传统，在社会主义市场经济条件下如何继承和发扬党的思想政治教育的优良传统，也是思想政治教育学科建设中正确对待世界性与民族性的关系的必然要求。

思想政治教育方法理论研究，这一部分主要研究如何在哲学方法指导下，恰当运用一般科学方法去创造、总结、掌握、运用思想政治教育自身特殊的科学方法。研究思想政治教育，从根本上说，还是为了搞好思想政治教育工作，使其收到最佳效果，因此，研究思想政治教育的科学方法便具有特别重要的意义。要系统研究思想政治教育还要研究和探讨随着实践发展如何总结、创造新途径、新载体、新方法。

思想政治教育管理理论研究，主要研究对思想政治教育活动的全过程实行有效的调控。包括思想信息的调查分析、思想政治教育的预测、决策、实施和评估的研究，思想政治教育的管理体制、运行机制和组织领导研究，思想政治教育队伍建设研究，思想政治教育者的素质及修养的研究等。在思想政治教育与管理日益紧密结合的现代社会，加强思想政治教育管理研究，有利于探索思想政治教育运行的新机制，开创21世纪思想政治教育的新局面。

上述四个方面的内容，反映了在马克思主义指导下，围绕思想政治教育领域的基本问题，包括对思想政治教育学的理论基础、思想政治教育的历史发展、思想政治教育的客观规律的研究，涵盖了思想政治教育的教育者、受教育者、教育介体(教育目的、内容、方法等)和思想政治教育环境各要素的历史演变及相互关系，构成了思想政治教育学完整的学科理论体系。由于思想政治教育学创立不久，对有些问题的研究尚不充分，需要我们继续努力，进一步深入研究，以便建立起比较完善的具有中国特色的现代思想政治教育学科理论体系。

四、新时期思想政治教育的知识借鉴

现代思想政治教育学既要坚持以马克思主义为理论基础，又要借鉴吸取许多相关学科的知识和方法，这样才能建设好中国特色社会主义思想政治教育学。思想政治教育学主要应借鉴吸收政治学、教育学、伦理学、心理学、社会学等学科的理论和方法。

政治学是研究以国家为核心的各种政治制度、政治关系、政治思想及其发展规律的科学。它所研究的政治关系、政治思想和政治生活准则等对人们的思想观念、政治立场影响极大，制约着人们思想行为的发展，是思想政治教育确定任务和内容的重要依据；思想政治教育学也可以说是政治学的分支学科，它要吸取政治学的理论知识，从而使思想政治教育的任务和内容适合一定的政治关系和政治思想的要求。但二者又有区别，思想政治教育学并不像政治学那样专门研究政治关系、政治思想和政治生活准则产生与发展的规律，而只研究怎样通过思想政治教育使人们的行为符合一定政治关系、政治思想的要求，将一定的政治生活准则转化为人们的思想政治品德。同时，政治学虽然也研究人们的政治修养、政治教育，但它只是从一般的政治生活实践的意义上去研究的，并不是将人们的思想、政治、道德教育实践及其规律作为自己专门的、全部的研究内容，这一任务要靠思想政治教育学来承担。

教育学是研究教育现象、揭示教育规律的科学。它是整个教育科学体系中的基础学科。它所揭示的教育发展的一般规律以及教育的性质、目的、原则、方法等，对教育科学体系中的其他学科都具有指导作用。思想政治教育学也可说是教育学的一个分支学科，当然也要吸取并遵循教育学所揭示的教育基本原理、原则和方法。但它并不是简单地套用，而是借助这些原理、原则和方法去研究思想政治教育所固有的特殊规律，进而建立起思想政治教育所特有的原理、原则和方法的学科体系。同时，思想政治教育学的研究成果又从一个方面丰富和充实教育学的科学体系和内容。但二者也有明显区别，教育学全面研究德育、智育、体育、美育等整个教育领域，主要是研究学校教育，并非专门研究德育和思想政治教育；思想政治教育学则专门研究思想政治教育，不只是研究学校的思想政治教育(即德育)，而且要研究全体社会成员的思想政治教育，这个任务又是教育学难以完成的。

伦理学是研究道德起源、道德本质和道德关系及其发展规律的科学。马克思主义伦理学所揭示的社会主义、共产主义道德形成和发展的规律、道德原则和规范，为思想政治教育学提供了一定的理论依据，是思想政治教育学要研究的重要内容。但道德原则、规范和道德教育只是思想政治教育学研究的一部分内容，而伦理学才是专门研究道德现象的，二者在研究领域上有明显的差异，又存在较多的交叉关系。思想政治教育学借鉴和应用伦理学的基本原理，能够更好地研究和揭示人们思想品德形成和发展的规律；同时，它对伦理学原理的应用，又会丰富和充实马克思主义伦理学的理论。

心理学是研究人们的心理过程和个性心理特征及其发展规律的科学。在一定意义上说，人的思想品德形成和发展的过程，也是一种心理活动过程。思想政治教育学只有借鉴和应用心理学的理论和方法，才能更好地揭示人的思想品德形成和发展的规律，从而加强思想政治教育的针对性、实效性，并充分发挥心理学、心理健康教育和心理咨询在思想政治教育实践中的重要作用。当然，心理学是在一般意义上研究人的心理活动与实践活动的关系，它主要揭示人们心理活动的一般机制，而思想政治教育学则要研究人们特殊的实践活动与思想品德形成之间的关系，更注重心理活动的社会内容。两门学科虽然密切联系，但区别也是明显的。思想政治教育学对人们思想品德形成规律的揭示，不仅有利于充实心理学的理论，而且能够推动心理学向应用方向发展。

社会学是从某种特有的角度，或侧重对社会，或侧重对作为社会主体的人，或侧重对社会关系、人际关系，进行综合性的研究而形成的一门学科。它的研究领域相当广泛，涉及社会生活的方方面面。其中很多方面的研究成果，如人的社会化、人际交往和人际关系、正式群体和非正式群体、社区文化、社会控制、人的现代化以及青少年问题、家庭问题、人口问题、就业问题、犯罪问题等，都能为思想政治教育学所借鉴和应用。例如，关于人的社会化理论，启示我们将思想政治教育过程看作受教育者思想品德社会化的实现过程；关于青少年研究的成果，为思想政治教育科学地分析和认识这一主要的教育对象，提供了丰富的资料；关于人的现代化的理论，丰富了思想政治教育任务的研究内容，等等。此外，社会学研究的基本方法——社会调查，也对思想政治教育学的研究具有重要价值。此外，还有法学、管理学、人才学、系统科学等，也与思想政治教育学有着密切的关系，从不同的方面为思想政治教育学提供了一定的可资借鉴的理论知识和方法。

（一）关于人的需求、动机和激励的理论

代表性的理论观点有：①美国马斯洛的人类需求层次论。主要是把人的需求按其重要性和发生的先后次序分为五个层次，即生理需求、安全需求、社交需求、自尊需求、自我实现需求。他认为人们一般按照这种层次性来追求各项需求

的满足，以此来理解人们行为的动机。②美国赫茨伯格的激励因素—保健因素理论。他认为工作环境或工作关系方面的因素是保健因素，如公司的政策和管理、监督、工资、工作条件、同事关系等，虽然不能直接起到激励职工的作用，但能预防职工产生不满；而属于工作本身或工作内容方面的因素是激励因素，如工作成就、上级的赏识、职责、进步等，能够产生激励作用。

（二）同企业管理有关的“人性”理论

代表性的理论观点有：①美国的麦格雷戈的“X-Y”理论。麦格雷戈把传统的管理思想叫作 X 理论，这种理论主张对工人以管束和强制为主。他提出以诱导为主鼓励工人发挥主动性和积极性的主张，并把这一管理思想称为 Y 理论。他认为这两种理论的出发点完全不同，对人性的看法也迥异。②美国的尾内的 Z 理论。这一理论主张将集体意识即归属感的增强作为调动人们主动性、积极性和创造性的基本方法。此外，行为科学还对企业的领导方式进行了研究，形成了一些有影响的研究成果。

概括地说，行为科学的基本观点是：人的行为是有目标的，目标是由动机决定的，动机是由需要引起的；主张在企业管理中，处理好员工的需要、动机、目标、行为四者的关系，使员工的目标和企业的目标达到一致；主张在满足员工多方面需要的基础上，以诱导方法为主，调动员工的主动性和积极性，提高劳动生产率。

由此可见，行为科学的有些内容对思想政治教育学的研究有一定的借鉴意义。如重视生产中人的因素，注意发挥职工的积极性；激励理论；实行“参与制”管理；重视非正式群体的作用；重视人际关系的协调等。特别是企业文化的一个主要流派——学习型组织理论，对我国的思想政治教育都有一定的参考价值。同时，行为科学在行为测量方面摸索出一些行之有效的方法，如抽样理论、调查方法、问卷设计、量表技术、行为研究数据的编码与多元设计分析程序、评估指标系统的建立等，也为思想政治教育学的研究提供了可资借鉴的方法和手段。但是，行为科学的局限性也是明显的。它是适应西方资本主义国家和资本家的需要而产生和发展起来的，因此不可避免地有着阶级局限性和历史局限性。如它对人的需要、动机、目标、行为四者关系的研究，是以资产阶级个人主义思想为基础的；行为科学研究的出发点是抽象的人性论和人道主义，其理论观点带有浓厚的历史唯心主义色彩；行为科学的某些分析方法也具有突出的形而上学特征等等，所有这些都是不可取的。从表面上看，行为科学与思想政治教育学似乎都有研究如何“做人的工作”、如何“调动人的积极性”的相似之处。但从本质上看，二者都是根本不同的：行为科学的理论基础是历史唯心主义和利己主义，思想政治教育学则以历史唯物主义为理论基础；行为科学的根本目的是调和劳资关系，训练笼络雇佣劳动者，以取得更多的剩余价值，而思想政治教育学的根本目的是提高全体人民的思想道德素质，促进人的自由全面发展，调动人们的积极性，全面建设社会主义现代化国家。因此，绝不能如某些人所说的那样将行为科学作为思想政治教育学的理论依据，而只能借鉴吸取其中的某些合理成分，为建设具有中国特色的现代思想政治教育学。

第二节 新时期高校思想政治教育的目标取向

目前，我国正处在一个关键的社会转型期，保持政治认同非常关键。我们必须明确，实现广大青年学生对我国主流政治文化的认同是高校思想政治教育的目标取向。为此，我们要通过丰富政治认知教育来提升大学生的政治认知水平，通过创新实践环节来提升大学生社会参与水平，从而实现政治认同这一核心目标。许多后发的现代化国家的社会转型经验告诉我们，维持社会政治稳定，提升公民政治认同是能否成功实现社会转型的非常关键的政治条件。政治认同的缺失容易导致社会动荡，威胁国家安全，影响现代化的进程。因此，要维护国家的稳定、和谐和繁荣发展，必须提高公民政治认同。

广大青年学生对于主流政治文化的认同十分重要。我们认为，要提高高校思想政治教育的实效性，必须明确高校思想政治教育的核心目标，即要实现大学生对主流政治文化的认同，才能采取行之有效的方法实现这一目标。

一、政治认同的内涵及其功能

政治认同是公民对国家主流政治文化及其价值功能和作用的认知、理解、接受并付诸行动过程的总和。公民在国家的引导下，通过一定的途径和方式了解主流政治文化知识，在这种主流政治文化的熏陶下慢慢地对这种主流政治文化价值有所了解，并对该主流政治文化产生情感，从而积极主动地加入主流政治文化建设行动中。

就我国而言，主流政治文化主要包括马列主义、毛泽东思想、中国特色社会主义理论体系和社会主义核心价值体系等。党和国家根据政治体系建设需要，从时代发展的要求出发，根据公民的利益需要和期望建构符合大众需要的政治体系和运行机制，并做好宣传教育，凝聚公民的思想，规范公民的行为，从而获得公民的认可、支持和拥护，促进政治体系自身的发展。

二、公民政治认同——我国高校思想政治教育的目标取向

我国高校思想政治教育是高校通过课堂或课外活动等形式向大学生传递我国主流政治文化，培养大学生思想道德素质，引导大学生行为规范，促进大学生有序参与政治生活的教育活动。这个过程本身也是一个实现大学生政治社会化的过程。

政治社会化是社会成员由政治自然人转化为政治社会人的过程，而高校思想政治教育就是大学生实现政治社会化的重要途径。在这个过程中，广大青年学生通过接受思想政治教育，明确我国的主流政治文化方向，并根据这个主流方向有意识、有目的、系统地学习相关理论知识，然后在理论知识的指导下，传递和发展主流政治文化，使主流政治文化成为一种社会共识。这是个体获得政治能力、主动而有序地参与政治生活的过程，是国家主流政治文化广泛地被社会成员接受并实践的过程。

三、改进高校思想政治教育，提高大学生政治认同

扩大政治认知教育，提升大学生政治认知水平。有些大学生之所以缺乏明确的政治理想和信仰，不能理性地辨别西方文化与国内主流政治文化的优劣，是因为他们的政治认知水平低，对国内政治体系所体现的政治价值以及运行机制缺乏全面深入的了解。因此，要提升大学生的政治认同，促进社会的稳定和谐，必须通过扩大政治认知教育来提升大学生的政治认知水平。

高校要根据我国当前的形势变化、发展情况，实事求是、与时俱进，不断充实和调整思想政治教育的内容，使其具有针对性和前瞻性。在理论教学中，高校思想政治教育要根据受教育者的接受特点，通过科学的方法转换传统思想政治教育的内容和教育方式，以学生喜闻乐见的形式开展思想政治教育，使学生主动掌握这些基本政治理论。与此同时，还要根据大学生自身的境遇和思想脉动情况，针对他们个人发展过程中所面临的问题来增加一些贴近大学学习、思想和生活实际的教学内容，激发大学生主动学习的热情，引导他们将教育过程中所形成的感悟内化成一种能力，从而增强大学生政治认知能力。

丰富实践环节，提升大学生社会参与水平。传统的高校思想政治教育总是给人以内容枯燥乏味、教学方式灵活性小和教学效果差等印象。因而，我们应该立足于教育学、心理学等教学规律，创新设计教育实践活动。大学生要真正认同主流政治文化，必须积极参与社会实践活动，在社会实践活动的参与中来检验所学到的政治理论。通过实际参与社会活动，不仅可以让大学生在实践中深刻领悟国家大政方针，而且还可以通过这种实践活动来验证相关政治理论知识的真实性、民主性和价值性，从而坚定大学生对国内政治主流文化的认同。

第三节　新时期高校思想政治教育的主要任务

一、新时期高校思想政治教育任务确立的依据

第一，培育“四有”新人是社会发展进步的客观要求。从总体上看，人类社会总是不断发展进步、逐渐走向高度文明的。社会的高度文明，包括物质文明、政治文明和精神文明等，在客观上都要求社会成员的思想道德素质和科学文化素质达到较高的水平，要求社会成员获得全面发展。在社会主义社会，培育“四有”新人不仅是必要的，而且也是可能的。思想政治教育致力于培养“四有”新人，既是社会主义文明建设的需要，又为社会发展到更高文明层次创造了条件，能够满足社会不断发展进步的要求。

第二，培育“四有”新人是社会主义精神文明建设的内在要求。在建设社会主义物质文明和政治文明的同时，建设以马克思主义为指导的社会主义精神文明是社会主义社会的重要特征。《中共中央关于社会主义精神文明建设指导方针的决议》指出：“社会主义精神文明建设的根本任务，是适应社会主义现代化建设的需要，培育有理想、有道德、有文化、有纪律的社会主义公民，提高整个中华民族的思想道德素质和科学文化素质。”[①]思想政治教育是社会主义精神文明建设的中心环节和基本形式，其根本任务、工作中心的确定必须与精神文明建设的根本任务相一致。思想政治教育要促进社会主义精神文明建设，充分发挥其在精神文明建设中的作用，首先就要致力于培养“四有”新人，因为一代社会主义新人是建设

① 中共中央文献研究室．十一届三中全会以来党的历次全国代表大会中央全会重要文件选编：上[M]．北京：中央文献出版社，1997：419.

高度的社会主义精神文明的重要条件，也是精神文明建设的落脚点。同时，思想政治教育本身就是培养人的事业，理应把全面提高人的素质放到首要地位。可见，将培育“四有”新人作为思想政治教育的根本任务，既是建设高度的社会主义精神文明的需要，也体现了思想政治教育的本质，抓住了思想政治教育的中心。

第三，培育“四有”新人是发展市场经济、建设和谐社会、实现社会主义现代化的内在要求和根本条件。大力推进市场经济，建设社会主义和谐社会，加快现代化建设步伐，包括经济、政治、科技、资源、政策、法规等多方面的条件，而其中最重要的条件是要培养一代新人。因为人是社会活动的主体，是发展市场经济、建设社会主义和谐社会的主体。在社会主义现代化进程中，人是一个基本的因素。只有全面提高社会成员的思想道德素质和科学文化素质，使这一现代化建设的主体充满积极性、主动性和创造性，经济、政治等方面的条件才能得到充分利用，才能实现又好又快且可持续的经济发展，从而全面推进社会主义现代化。可见，人的因素在市场经济建设和整个社会主义现代化中处于举足轻重的地位。实践表明，没有人的素质的全面提高、没有一代“四有”新人的培养，市场经济的发展和各方面的现代化都会受到严重制约。只有培养出一代具有较高思想道德素质和科学文化素质的社会主义新人，才能顺利推进社会主义市场经济，满足社会主义现代化建设的人才需要。

二、新时期高校思想政治教育任务包含的内容

（一）理想信念教育是核心

坚定社会主义理想信念，是思想建设的核心内容，是思想政治教育的根本任务。中国共产党人在革命战争年代已解决的理想信念问题，在革命胜利后，在改革开放、全面建设社会主义现代化国家的今天，遇到了新的情况，面临新的考验。

随着改革开放的深化，市场经济体制的建立，各种经济成分、利益主体和社会生活方式日趋多样化，给人们的思想观念、行为方式带来了影响。面对许多前所未有的新矛盾、新问题，一些人感到迷惘、困惑，其表现是面对一些复杂的社会现象不知所解，面对多变的社会状况不知所向，面对多样的社会因素不知所选，其实质是缺乏明确而坚定的理想信念与价值标准。

（二）爱国主义教育是重点

爱国主义是中华民族的光荣传统，蕴含着最为深厚的历史情感，是全国各族

人民共同的精神支柱，鼓舞和激励着全国各族人民万众一心，团结奋斗。

爱国精神的培养是一个能动的过程，受主体的社会生活实践经验和认识能力发展水平所制约，有一个不断自我概括、内化和拓展的过程。爱国主义教育的任务，就是要以爱国心理为基础，对青少年进行系统的中国历史，特别是中国近现代历史教育，帮助青少年从历史逻辑的高度来认识和把握中华民族发展的规律与趋势。同时，要站在面向世界的高度，对青少年进行中国化马克思主义理论教育，引导青少年认识中华民族的历史命运与中国化马克思主义理论的本质关联，从理论上升华朴素的爱国情感。只有这样，才能把感性的、分散的、不稳定的爱国心理，上升到理性的、集中的、坚定的爱国信念。因此，爱国主义是我国社会的精神主题，爱国主义教育是思想政治教育的重点。

（三）科学思维方式是补充

我们处在一个变革的时代，社会生活的方方面面都在发生着变化。适应和推动这种变化，帮助人们转变观念、冲破旧的思维模式的束缚，培养和建立新的、现代化的科学思维方式，也是思想政治教育的重要任务之一。

三、新时期高校思想政治教育任务的基本要求

思想政治教育的根本任务为确定一定时期思想政治教育的主要任务以及具体任务指明了方向。在任何时候，思想政治教育的主要任务以及具体任务都要有利于教育对象思想道德素质的全面提高。这是由思想政治教育的根本性质决定的，是思想政治教育任务的共性。因此，尽管完成不同层次任务的具体要求不同，但无论哪一层次任务的实施都必须遵循下列要求。

（一）构建社会主义核心价值体系

社会主义核心价值观的内容在党的十八大首次提出，“倡导富强、民主、文明、和谐，倡导自由、平等、公正、法治，倡导爱国、敬业、诚信、友善，积极培育和践行社会主义核心价值观。”[①]这与中国特色社会主义发展要求相契合，与中华优秀传统文化和人类文明优秀成果相承接，是我们党凝聚全党全社会价值共识做出的重要论断。富强、民主、文明、和谐是国家层面的价值目标，自由、平等、公正、法治是社会层面的价值取向，爱国、敬业、诚信、友善是公民个人层

① 胡锦涛．坚定不移沿着中国特色社会主义道路前进　为全面建成小康社会而奋斗——在中国共产党第十八次全国代表大会上的报告[M]．北京：人民出版社，2012：31-32.

面的价值准则，这 24 个字是社会主义核心价值观的基本内容，为培育和践行社会主义核心价值观提供了基本遵循。

高校开展思想政治教育工作，必须以马克思主义中国化的最新成果来教育和引导大学生，同时要以培养能够担当民族复兴大任的时代新人为着眼点，强化教育引导、实践养成、制度保障，发挥社会主义核心价值观对国民教育、精神文明创建、精神文化产品创作生产传播的引领作用。社会主义核心价值观教育是新时代高校思想政治教育的重要组成部分。大学生正处在世界观、人生观、价值观形成和确立的重要时期，抓好这一时期的社会主义核心价值观教育非常重要。通过有效举措增强社会主义核心价值观教育的仪式感，有助于提升大学生对社会主义核心价值观的敬畏心和敬重感，使其转化为大学生的情感认同和行为习惯。

（二）突出当今时代主旋律教育

爱国主义、集体主义和社会主义教育是当前思想政治教育的核心和重点内容。新时期思想政治教育应牢牢把握这一重点和核心，坚持用爱国主义、集体主义、社会主义教育培养“四有”新人。

突出主旋律教育，要帮助受教育者正确理解爱国主义、集体主义、社会主义的科学内涵及时代特征，并引导受教育者将其内化于心。爱国主义是一个历史范畴，在不同的国家、不同的历史时期有不同的内容。“在现阶段，爱国主义主要表现为献身于建设和保卫社会主义现代化事业，献身于促进祖国统一事业”①。进行爱国主义教育，在今天就是要引导受教育者热爱社会主义祖国，坚持党在社会主义初级阶段的基本路线，为实现中华民族伟大复兴中国梦而努力奋斗。集体主义是社会主义社会思想道德领域最基本的价值导向，其实质是集体利益高于一切，全心全意为人民服务。集体主义一向是我国思想政治教育的核心内容，在新的历史条件下，思想政治教育仍然必须坚持对受教育者进行集体主义价值观教育不动摇。社会主义是以生产资料公有制为基础的社会制度，其本质是解放生产力，发展生产力，消灭剥削，消除两极分化，最终达到共同富裕。进行社会主义教育，就是要帮助教育对象认识到，社会主义是共产主义的低级阶段，共产主义是社会主义不断完善发展的必然结果，并且共产主义一定会代替资本主义，这是人类社会发展的必然趋势；只有社会主义才能救中国，只有社会主义才能发展中国。在市场经济条件下，我们应注意结合人们的思想实际，深入进行社会主义教

① 江泽民文选：第 1 卷[M]. 北京：人民出版社，2006：121.

育，帮助受教育者坚定中国特色社会主义理想信念，坚决沿着社会主义道路前进。爱国主义、集体主义、社会主义教育是三位一体、相互促进的。在进行主旋律教育时，一定要注意它们之间的紧密联系，既有所侧重，又使其相互补益、相互促进。只有这样，主旋律教育才能更好地发挥整体效应，如春雨润物般地渗透到受教育者的意识中，使爱国主义、集体主义、社会主义真正变成受教育者思想以及行动上的主旋律。

突出主旋律教育，要引导受教育者把爱国主义、集体主义精神付诸行动，积极投身到建设中国特色社会主义的伟大实践中。爱国主义、集体主义、社会主义三者统一的基础就是建设中国特色社会主义的实践。换言之，建设中国特色社会主义的实践，充分体现了爱国主义、集体主义、社会主义的有机统一。第一，建设中国特色社会主义是新时期爱国主义的主题。把我国建设成为富强、民主、文明、和谐、美丽的社会主义现代化国家，集中反映了全体人民的根本利益和愿望，是新时期国家、民族前途的命脉之所系。因此，新时期爱国主义的基本内涵和最高主题就是建设中国特色社会主义，全面建设社会主义现代化国家。在今天，所有积极投身于社会主义现代化建设的劳动者，都是真正的爱国主义者。第二，建设中国特色社会主义是集体主义精神的大发扬。建设中国特色社会主义是一项全民族的事业，是全国人民的共同责任。只有动员和调动一切力量，调动广大人民群众的积极性，依靠全国人民的集体奋斗，这一伟大事业才能成功。同时，在建设中国特色社会主义的进程中，必然会出现某些矛盾和困难，甚至会导致某些利益关系失调，只有坚持集体主义价值导向，才能正确处理各种利益关系，化解种种矛盾，克服暂时困难，从而保证中国特色社会主义建设顺利进行。第三，建设中国特色社会主义是一条符合中国国情的社会主义建设道路，它初步解决了在中国这样一个发展中国家如何建设、巩固和发展社会主义的一系列基本问题，在理论和实践上都把社会主义事业向前推进了一大步。努力建设中国特色社会主义，就是坚持和发展社会主义。正因为建设中国特色社会主义充分体现了爱国主义、集体主义、社会主义的有机统一，因而进行主旋律教育，最后的落脚点就是引导人们积极投身于这一伟大实践，在实践中继承和弘扬中华民族的爱国主义精神，坚持集体主义的价值导向，坚持社会主义信念，为实现社会主义现代化而努力奋斗。

综上所述，爱国主义、集体主义、社会主义是当前思想政治教育的主旋律。在建设中国特色社会主义进程中，坚持主旋律教育，就抓住了思想政治教育的核

心，就能更好地用主旋律统一受教育者的思想，协调受教育者的行动，使受教育者积极投身于建设中国特色社会主义的伟大实践中，并在实践中逐步把自己培养成“四有”新人，从而较好地完成思想政治教育的各项任务。

（三）弘扬中华民族优秀的传统文化

习近平总书记强调：“要认真汲取中华优秀传统文化的思想精华和道德精髓，大力弘扬以爱国主义为核心的民族精神和以改革创新为核心的时代精神，深入挖掘和阐发中华优秀传统文化讲仁爱、重民本、守诚信、崇正义、尚和合、求大同的时代价值，使中华优秀传统文化成为涵养社会主义核心价值观的重要源泉。”①

中华民族传统文化是中华民族发展史上不同时代文化的累积。作为过去时代精神的反映，传统文化自然有一定的历史局限性，其中有一些内容是失去了历史存在合理性的糟粕，应当剔除。但毫无疑问，传统文化中也有许多内容超越了自己所处的时代而揭示出与人类总体或个体相关的一些永恒问题，这些内容是传统文化的精华，应予以继承和弘扬。如“有无相生，难易相成”“一物两体”“分一为二”“和而不同”“天人合一”的哲学思想；“己所不欲，勿施于人”“己欲立而立人，己欲达而达人”“老吾老以及人之老，幼吾幼以及人之幼”的伦理思想；“三人行，必有我师焉”“有教无类”“诲人不倦”的教育思想；“夙夜在公”“国而忘家、公而忘私”的奉献思想；“先天下之忧而忧，后天下之乐而乐”“天下兴亡，匹夫有责”的忧患意识和爱国主义情怀；“刚健奋进”“自强不息”的进取精神；“杀身成仁、舍生取义”的英雄气概；“富贵不能淫、贫贱不能移、威武不能屈”的立身情操；“苟利国家生死以，岂因祸福避趋之”的献身精神；“鞠躬尽瘁，死而后已”的勤勉风格；“经世致用”“济世之穷”的积极用世思想；“民为邦本，本固邦宁”“天地之间莫贵于人”的民本思想；“天下为公”“世界大同”的社会理想等，都是中华民族传统文化的精华。这些内容是思想政治教育可以借鉴及运用的重要思想资源。在思想政治教育中，弘扬包括上述内容在内的中华优秀传统文化，无疑有助于教育对象形成崇高的理想，强烈的爱国主义、集体主义思想，为祖国繁荣昌盛努力奋斗的献身精神以及高尚的精神境界，有助于提高教育对象的思想道德素质。思想政治教育应努力把马克思主义世界观的教育同中华民族的优秀传统文化教育结合起来，充分发挥中华优秀传统文化的教育作用，促使一代“四有”新人健康成长。

---

① 习近平．习近平谈治国理政：第1卷[M]．北京：外文出版社，2018：164.

第四节　新时期高校思想政治教育的主体定位

一、"思想政治教育主体定位"理念的提出

在思想政治教育主体研究的理论范式中最具有代表性的是"单一主体论""双主体论"和"间性主体论"。这三种理论可谓是常论常新的命题，但是就其思想政治教育的方法论和有效性来说，思想政治教育的主体性研究无论是从学科建设来说，还是从中国共产党意识形态工作来说，都是一个适时而进的发展过程。张耀灿等在《现代思想政治教育学》中指出，"思想政治教育决策，是指对实现思想政治教育目标而提出的若干个可行性方案进行比较，做出最优选择并组织实施的过程"[①]。有"当代道德教育理论之父"美誉的法国学者迪尔凯姆在构建他的道德教育论时肯定了由社会出发的带有强制性的教育方法的有效性，但是他并不否认教育对象的个性，他认为，一切社会的约束力并不一定要排斥人的个性。思想政治教育决策建立在对教育对象客观规律的尊重基础上，决策科学化要求现代思想政治教育对于主体的认证必须尊重人的规律性和学科的科学性。首先，有学者指出"单一主体"是"教师为中心"，但实际上不成为中心，学生的个性和主体性没有提升到相应的位置。其次，对于"双主体"这种模式提出异议的学者指出，教学是一个无法严格分割开来的"教"与"学"统一的过程。最后，拉康提出"主体间性"，认为主体是由其自身存在结构中的"他性"界定的，这种主体中的他性就是主体间性。把主体间性运用于思想政治教育这一科学研究中，没有把这一理论深入实践活动中并与实践活动的行为建立一一对应的关系。在进行思想政治教育主体的理论研究过程中，存在一种主体的定位问题，即统一教学活动中不同环节的教学主体定位和功能性认定。

二、"思想政治教育主体定位"理念的内涵

"思想政治教育主体定位"研究主要聚焦于统一教学活动中不同环节的教学主体认定和主体性的实践活动行为的呈现。统一教学实践活动主要分为三个环节：教育者的"教"、受教育者的"学"和教育者与受教育者互动的"教学"环节。

---

① 张耀灿，郑永廷，吴潜涛，等．现代思想政治教育学[M]．北京：人民出版社，2006.

（一）“教”这一环节的主体性认定及其功能的呈现

思想政治教育过程是教育者和受教育者共存的一个综合性系统，系统的存在得益于系统的结构认定和功能的承载，结构和功能是相互联系的。思想政治教育教学实践活动中教育者是施教这一环节的主体并承担着主体性的功能。“师者，所以传道受业解惑也。”韩愈道出了教育者的主体认定和主体性的承载。教育者的首要职责是要在他教授或者研究的问题上要“专”而“精”。也就是说业精于勤，这个“勤”有主体的承载和主体性功能的发挥：作为思想政治教育的教育者，其主体的承载就是要掌握思想政治教育这门学科所必备的相关知识，如我党关于意识形态教育的路线、方针和政策；同时，其主体性功能的发挥表现在教学活动中的业务要熟练，即通过有效的方法和手段使受教育者能够接受思想政治教育的内容，进而实现思想政治教育的目的。

（二）“学”这一环节中思想政治教育主体的定位和主体性的体现

受教育者是思想政治教育活动的最终参与者和服务对象，所以教育的最终目的是通过作用于受教育者来实现的，因而受教育者在教学活动的“学”这一环节中是思想政治主体。这无疑是对学生在学习环节中主体地位的一种肯定。斯宾塞科学教育思想的内涵有多方面，如个性化发展、改革教育方式、科学教育等。第一，个性发展方面。斯宾塞认为个体在成长过程中应该成为一个充满活力、有统筹能力、会思考、会发布、会做结论的人。因此，科学教育应该注重培养学生的思考能力、创造力和解决问题的能力，而不仅仅是教授理论知识。第二，改革教育方式。斯宾塞认为现行教育体制过于注重蒙学和机械记忆，对学生的思考能力和创造能力不利。因此，他主张改革教育方式，采取新型的教学方法，如探究式、启发式、问题式等，引导学生自主学习和发现问题，从而提高他们的学习兴趣和学习能力。第三，科学教育。斯宾塞认为科学教育是推动社会进步和个人发展的必要手段。他强调，科学教育能够扩展人类的视野，使人类更加理性和自由，因此科学教育应该作为学校教育的中心内容。

（三）“教”与“学”这一过程是对思想政治教育主体的定位和主体性的体现

教育者和受教育者在教学活动中存在主体互易性，如“教学相长”。教学实质是教与学相应的角色承担者互相影响的实践活动，学校思想政治教育主体，即以培养教育对象思想品德为其活动指向的人，在客观上成为社会要求与教育对象之间发生联系的“中间人”。从某种意义来说，“中间人”的主体性和受教育者的主体性是互易的。这种主体的互易性体现在两个方面：一是教育者“中间人”的自我主体的互易，二是受教育者自我主体的互易。教育者的自我主体的互易主要来自教学活动中受教育者的反馈，这种反馈可能使教育者被动于受教育者的角色，进而在短暂时间内失去主体性。学生确实有可能对他们的教师做出评价或者在调查表上反馈他们的意见。学生在学术上的迫切要求可以让老师变得认真负责。学生在参与思想政治教育的活动中也不仅仅是被动学习，因为每个学生在学习类似的科学概念时，都有一些来自生活的“前概念”，这些概念常常是错误的，而且根深蒂固，难以改变。这种“前概念”的主体性体现在如何才能把它异化成符合思想政治教育的思维品质，这本身需要受教育者的自我主体对“前概念”的否定、整合和建构，自觉地使自己的思想与主流思想相契合。然而，客观上讲，教育者和受教育者的主体性自我互易都是在同一个教学环境中发生的，这是一个统一的、互相影响的、不可分割的教学系统。

三、“思想政治教育主体定位”理念的现实意义

（一）改变固守的思想政治教育理论研究范式

思想政治教育研究者在“单一主体论”“双主体论”和“间性主体论”这三种理论中都把施教者作为思想政治教育的主体。这些理论研究的范式无疑都肯定了教育者在思想政治教育实践活动中不可或缺的主体地位，但是这种研究范式忽略了马克思主义哲学的一个根本性命题，那就是内因和外因的相互关系问题（关于内因和外因的哲学命题这里不再赘述）。思想政治教育活动与其他的社会实践活动在对象上存在差异，思想政治教育的对象是一个活生生的人，教育者只有承认人（受教育者）的主体性，才能正确地给有主体性的受教育者角色一个恰当的定位，也只有给受教育者角色一个恰当的定位，才能明确受教育者所承载的功能。这是一个观念取舍和改变的问题，不改变这种固守的观念，所谓的教育改革只能流于形式，也不会达到预期的效果。

（二）“内因与外因”哲学命题的启示

无论是马克思主义的人性论和以人的需要为主的马克思主义相关理论，还是马斯洛的需求层次理论，都揭示了这样一个问题：只有触发受教育者对自身发展需要的渴望，教育者同时又敏锐地捕捉到这一需要和渴望，才能达到理想的教育效果。这体现了教育者与受教育者之间的关系，即外化主体和内化主体的关系。思想政治教育是教育者和受教育者共存于一个教学环境的实践活动，教育者是实

现思想政治教育目的的一个外在的因素，其主要的功能体现在教育者触发受教育者自身发展需要的渴望，同时使思想政治教育的内容与受教育者自身发展需要的渴望相契合。这种功能的实现需要教育者发挥自己的主体作用，但是这种作用是外化的。

思想政治教育对象是具有独立思想和意识的人，因此要让这些具有独立思想和意识的人主动地接受符合自身发展的需要和渴望，而这些需要和渴望又恰好与施教者所偏好的目标相契合。这就需要将教育者的外化作用转化为受教育者的内化过程，受教育者在日常的家庭和社会环境下已经形成了自己对事物的“前概念”，而在特定思想政治教育的环境下接受思想政治教育，这本身就是自我内化的过程，这个过程包含两个方面：进行自主建构和重构。这个过程是受教育者对自我需要和渴望的一种主动回应，同时也达到了教育者通过自己的引导使受教育者完成自我教育的目的。

马克思主义实践理论的主体是有思想、有独立见解的人，而思想政治教育改造的对象又是活生生的人，因而是人就应当具有主体性，这是无法否认的。只有明确受教育者的自我主体性、教育者的自我主体性以及二者互为主体性的定位，才能有各自相应的承载功能。

第三章

新时期高校思想政治教育的方法

当前我国已进入了互联网时代，在新时期开展高校思想政治教育工作是时代赋予我们的使命，是培养中国特色社会主义合格建设者和接班人的必要途径之一。面对进入互联网时代后的新挑战，高校思想政治教育必须不断进行方法创新。

第一节 新时期高校思想政治教育方法的运用原则

新时期高校思想政治教育方法的运用，除了要严格遵循思想政治教育的实事求是、理论联系实际、连续性和灵活性等基本原则外，还必须考虑到我国进入互联网时代的大背景，必须遵循能够体现互联网内在规律的其他一些原则。

一、及时性原则

所谓及时性原则，是指思想政治教育工作者在工作中必须积极主动、不失时机地去发现问题和解决问题。及时性原则是由新时期高校思想政治教育方法的本质特征和事物发展的客观规律所决定的，能否坚持这一原则，将直接决定新时期高校思想政治教育方法的作用能否得到有效的发挥。

首先，只有坚持及时性原则，才能准确选择解决问题的具体方法。互联网时代，高校思想政治教育的方法是一个相对独立的开放型系统，它有着不同于其他系统的内部结构，是由许多不同类型的具体方法构成的。这些互不相同的具体方法具有很强的针对性，一般只对某一环境、某一阶段中的某几种问题发生作用。由于大学生在学习和生活中的具体问题会随着时间的推移而发生量和质的变化，所以，及时发现问题有利于教育者采取比较恰当的方法予以解决。否则，很可能会因发现问题不及时或对问题拖而不决，导致问题复杂化，造成原因分析和方法选择上的失误。

其次，只有坚持及时性原则，才能紧紧把握住解决问题的有利时机。从心理学的角度来看，影响大学生思想变化的因素主要来自三个方面：一是历史文化、时代特点、社会风气等社会环境因素，二是升学就业、奖励惩罚等实际利益因素；三是学习问题，或者天灾人祸、突发意外等偶发性因素。当大学生受到上述因素的影响时，就会有不同的思想情绪和心理需求。例如，当大学生遇到不顺心的事时，便会感到苦恼烦闷，同时又很想找人倾诉苦衷，期望得到他人的同情和支持。因为网络的虚拟性和隐藏性，一些大学生会在自媒体平台上发泄情绪。在

大学生的思想产生波动的时候，如果思想政治教育工作者能够及时发现，及时去做大学生的思想工作，满足大学生的某种心理需求，就会取得事半功倍的效果。由于时机具有稍纵即逝的特点，因此，如果不及时发现和把握大学生的思想波动，与之相适应的思想政治教育方法就难以发挥最佳作用。

最后，只有坚持及时性原则，才能将思想问题解决在萌芽状态。唯物辩证法认为：世界上任何事物的存在和变化都具有一个发生、发展与消亡的过程。一般地说，事物在发生阶段都比较孱弱，易被外界因素所扼杀；在发展阶段则比较强大，不易被外界因素制约和支配。大学生的思想问题也是同样的道理。在一些容易影响大学生思想和价值观的事件刚刚萌芽时，用比较简单的方法，花费较少的时间和精力就能圆满解决；而一旦错过最佳时机，没能及时解决相关问题，那么就会对大学生产生进一步的不良影响，往往需要花费很多时间和精力，采取多种复杂的方法才能解决。由此可见，要想有效地解决问题，就必须及时把问题解决在萌芽状态。否则，就会给思想政治教育造成不必要的损失。坚持及时原则，还要求教育者必须及时发现和解决问题。但是，强调及时，并不是要教育者不分具体情况、不讲方式方法，在一夜之间雷厉风行地解决大学生的思想问题。这是因为，不切实际地寄希望于在某一期限内解决千变万化的思想问题会导致矛盾的激化，这同思想政治教育强调的及时性是有本质区别的。在解决各种思想问题时，我们必须划清“及时”与“限时”的界限，做到既积极主动、不失良机，又不操之过急、拔苗助长。

二、治本性原则

治本是指思想政治教育工作者在运用具体的思想政治教育方法处理和解决问题时，必须找出发生问题的根本原因，果断而又彻底地予以解决和处理。

新时期，高校思想政治教育的方法从其自身的目的来讲，主要是通过线下教学和线上的互联网平台，“双管齐下”来纠正和消除教育对象在现实或者网络中存在的错误思想和行为。既然是纠正和消除，其中自然包含“根治”“彻底解决”之义。也就是说，一种具体的思想政治教育方法从它诞生之日起，就贯彻着从根本上解决问题的效能。但是，具有“治本”的效能并不等于一定能“治本”，这里面还有一个方法的运用问题。

从当前大学生思想政治教育的具体实践来看，互联网时代，高校思想政治教育方法的运用主要存在三个问题。一是在解决问题时不认真寻找导致问题的根本原因，“头疼医头，脚疼医脚”，结果是成天忙于修修补补堵漏洞，方法使用频繁，收效却不明显。二是不愿做深入、细致的复杂工作，每当工作取得一些成效时，便止步不前，致使问题得不到根治，多次出现反复，逐渐转为难以治愈的“慢性病”。三是工作的指导思想不端正，在处理和解决问题时，做表面文章，使好的方法难以发挥出好的作用。

新时期，高校思想政治教育方法在具体运用过程中发生的这些问题，是同治本性原则背道而驰的。要纠正和克服这些问题，就必须抓好以下几个关键环节。第一，在解决问题前，一定要了解大学生在现实生活和学习中的基本情况和特点，同时熟练掌握互联网的传播规律。只有这样，才能对所选定的基本方法做到心中有数。只有对基本方法的作用、特点、本质和所要达到的标准了如指掌，才能为方法的正确运用打下良好的基础。第二，在解决问题时，要理清问题的各种复杂头绪，抓住根本原因，从根本上彻底解决问题。在互联网时代，信息纷繁复杂，同一个人在不同时段也会产生截然不同的心理体验和感受，这就要求教育者在此过程中，掌握大学生的思想发展规律，能在最短的时间内尽快理清头绪，摒弃无用信息，找出众多信息和资讯背后的主因，并形成思路。第三，大学生在网络平台中反映出来的一些问题，根源在于现实生活中的学习、生活或情感问题，教育工作者要严格按照思想政治教育方法的有关规定和要求，扎扎实实、步步深入地做好工作，坚决克服和纠正弄虚作假、赶时髦、图虚名的错误做法。第四，处理和解决问题要善始善终，决不能半途而废。特别是在运用综合性的思想政治教育方法解决网络平台中反复出现的复杂问题时，更要层层深入、坚持到底。只有这样，才能从根本上消除大学生的不良思想和行为。

三、综合性原则

在实践中，根据自身特点和所发挥作用的不同，互联网时代高校思想政治教育方法可以分为多种不同的类型，诸如显性教育与隐性教育有机结合、三全育人和教育管理同步推进、媒体技术与传统教育互为补充、自我教育与媒体宣传统筹兼顾等。而根据工作对象和解决具体问题的不同，某些方法类型可以分解为许多不甚相同的具体方法。根据应用范围的不同，这些方法又可以分为宏观控制和微观控制的方法。一般地说，各种具体的思想政治工作方法，都属于微观控制的范畴。它们通常只适用于特定的某一种或某一类的教育对象和问题，因而针对性较强，通用性较差，不能像“万能钥匙”那样，事事、时时、处处都可以随意使用。

在现实生活中，大学生的思想变化和由此产生的问题是比较复杂的，对于这些复杂的思想问题，如果只用单一的具体方法去解决，至多只能解决其中的某一种或某一部分问题。也就是说，不同的问题需要用不同的方法去解决，复杂的问题必须用综合性的方法才能解决。

所谓综合性的方法，就是将分属于不同类型的数种单一性的具体方法，按照解决问题所需要的程序和结构组合起来，使之成为一种针对性和适用性都比较强的新型方法。从思想政治教育方法的内部结构特点来看，根据需要将诸种不同类型的具体方法自由地进行组合是完全可能的。这是因为互联网时代高校思想政治教育的各种具体方法虽然分属于不同的类型，但它们之间的联系比较广泛和密切，一般不会发生对抗性冲突，即排他性较小，综合性较强，既可以像积木一样根据需要组合成各种不同造型；也可以像中药一样，按照不同的病情配成各种不同的药方，使数种方法充分发挥合力作用，及时有效地帮助被教育者认识错误、改正错误。从以上论述中不难看出，所谓综合性原则，就是根据互联网时代大学生的思想问题及引发原因的复杂程度，将诸种能够用来解决某类问题的单一性工作方法，按照解决问题所需要的程序进行排列组合，使之充分发挥出大于整体之和的合力作用。由此可见，综合性原则是由互联网时代高校思想政治教育方法的内部结构特点及其变化规律所决定的，能够对解决纷繁复杂的思想问题发挥十分重要的作用，是思想政治教育方法在实践运用中所必须遵循的一条基本原则。

四、择优性原则

认真分析思想政治教育方法在实践中运用的各种情况，就会发现一个比较特殊的现象：分属于几种类型的单一性工作方法，有时候具有解决同一问题的功能。简言之，就是不同的方法能够取得相同的效果。例如，对于遭受挫折后情绪极低落的被教育者，运用隐性教育中的劝慰法进行劝慰和开导，能够使其情绪逐渐恢复，并且能够顾及其自尊，使其奋发努力、积极向上；而运用显性教育法中的媒体宣传法，也能将大学生从迷茫中唤醒，使其心灵受到震撼，思维趋于正常，从而振奋精神、努力学习；此外，通过全环境育人，有意识地将大学生的注意力从悲观失望上转移到工作、学习、研究、创造上，为其营造积极向上的社会氛围，同样也能使其摆脱消极情绪的影响。

诸如此类的“异曲同工”现象，为互联网时代及时、有效地解决和消除大学生各种思想问题开辟了宽阔的道路。一般来说，一个问题越是能被多种方法所解决，它的难度就越低。做大学生的思想工作也是同理：解决某一思想问题的方法越多，这一问题也就越容易解决。思想政治工作具体实践已充分证明了这一点。

不同的方法虽然能够对同一问题发挥相同的作用，但这并不等于说彼此所发挥的作用完全一致、毫无差异，唯物辩证法认为，任何事物的存在和变化都是有条件的，只有条件本身是无条件的。互联网时代，高校思想政治教育的方法也是如此。矛盾的特殊性和斗争性等内因条件，使思想政治教育的方法分解成许多各具特点、互有差别的具体方法；这些方法在互联网时代的实践运用中，又对时间、地点、对象、载体、实施者和媒体影响力等外部条件有着不同的要求，这就使它们所发生的作用也必然会出现明显的差别。需要明确指出的是，我们开始时所讲的“异曲同工”是一种没有条件限制的概括情况，一旦引入“条件”这个前提因素，“同工”的程度就会立即显现出明确的差别来。例如，理论教育、自我教育和教育管理等虽然都能够帮助大学生克服消极情绪、振奋进取精神，但是，如果由同一个教育者在学生宿舍、办公室、课堂等不同的地点，运用上述方法对同一个大学生进行教育帮助，其效果肯定大不相同。

不同的方法能够对同一问题发挥相同的作用，也并不等于解决这一问题时，必须同时采取这几种方法。这就如同“条条大路通罗马”，但是去罗马完全不必所有的路都走一遍，只要从中选一条走就行了。如果硬要将所有的路都走一走，只能是白白浪费时间和人力、财力。互联网时代，高校思想政治教育方法的运用也是同理：明明一种方法就能彻底地纠正和解决问题，却偏要将所有与之有关的方法都逐一“运用”一番，实在是画蛇添足、毫无必要。

虽然具有相同作用的诸种工作方法在效果上存在差异，从具体实践来看，也完全不必将与之有关的诸种方法都逐一运用，这就存在一个方法选择的问题。“条条大路通罗马”，在诸条道路中必然有远有近，有优有劣；不同的方法，其效果也必然会有好坏优劣之分。因此，要正确运用这些方法有效地解决问题，就必须坚持择优汰劣的择优性原则。

互联网时代，信息传播瞬息万变，大学生的思想面临多种因素影响，在这一复杂情况下，思想政治教育工作者要能够根据主、客观条件提出的具体要求，及时对各方法进行分析对比，从中选择出最佳方法来解决大学生具体思想问题。择优原则是互联网时代正确运用思想政治教育方法的一个重要原则，对提高思想政治教育效果有着十分重要的作用。

五、差异性原则

在客观世界中，矛盾的特殊性决定了客观事物千差万别，纷繁多样。事物的多样性和相异性，要求人们在认识事物和解决问题时，必须坚持具体问题具体分析，正确区别和认识各种不同的事物，以及每一事物发展的不同过程或阶段，进而采取不同的方法有针对性地去解决和处理。只有这样，才能科学地认识各种事物，有效地改造客观世界。

对具体问题进行具体分析，就是要采取差异性原则。我们平时所说的"对症下药""量体裁衣""一把钥匙开一把锁"，讲的都是要对个体展开有差别的教育，因人而异。差异性原则不仅是人们在各项具体工作中必须遵循的一条原则，也是运用高校思想政治教育方法解决各种思想问题时所必须遵循的基本原则之一。正如同世界上没有两片相同的树叶一样，大学生的思想个性也没有完全相同的。这是因为每个大学生总是成长于不同的家庭环境中，接受不同的影响，从事不同的社会实践活动。这些外在因素的不同，使每个大学生产生相同问题的原因各不相同。

坚持差异性原则，就必须抓好以下三个关键环节：一是要因人制宜。"人心不同，各如其面"。有的学生性格直爽，有啥说啥，丁就是丁、卯就是卯，不爱曲曲弯弯、躲躲闪闪；有的学生性格内向，说话含而不露，不愿向外开启心扉；有的学生活泼开朗；有的学生则蔫得出奇。要做好心理素质互不相同的大学生的思想工作，就必须因人而异，运用与之相适应的方法来解决他们的思想问题，决不能千篇一律地用一把"钥匙"去乱开"锁"。二是要因时制宜。时间能体现出物质运动的顺序性、间隔性和持续性，与事物的运动以及事物运动的过程或阶段有着密切的联系。随着时间的推移，大学生的思想问题也在或大或小、或快或慢地不断发生着变化，此一时不同于彼一时。这就要求思想政治教育工作者根据不同时间段大学生思想问题的不同变化，灵活地采取与之相适宜的方法去做好工作，决不能一成不变地用一种方法去处理和解决问题。三是要因地制宜。在现实生活中，大学生的同一个思想问题在不同的班级、不同的宿舍具有不同的表现形式，呈现出不同的发展过程。这就需要思想政治教育工作者从实"地"出发，根据实"地"的具体情况，采取与之相适应的方法去解决好问题，不能不分场合、不分地点地照搬照抄某种方法。

第二节　新时期高校思想政治教育方法介绍

在互联网时代，高校思想政治教育的环境、条件、对象都发生了较大变化，如果固守传统思维，将难以确保高校思想政治教育工作的活力。在互联网时代，高校思想政治教育工作增加了网络舆情信息发布、数据挖掘、舆情监测分析、舆情预警、舆情处置等环节。在这一变化过程中，要深刻理解网络环境下大学生思想政治教育的特殊性，增强大学生思政教育的敏感性，重视线上线下思想引导工作，并能够在高校思想政治教育的工作方法体系方面有所创新。

方法创新至关重要，不但要提出问题和任务，也要有解决的方法。因此，不解决高校思想政治教育的方法创新问题，思想政治教育的实效也就无从谈起。我们必须把显性教育与隐性教育有机结合，全环境育人和教育管理同步推进，信息网络监管与传统教育互为补充，正面宣传与向错误思潮亮剑统筹兼顾，丰富新时期高校思想政治教育的手段和途径，提高思想政治教育的影响力和实效性。

一、显性教育与隐性教育有机结合

高校思想政治教育从来都不止于课堂教育。互联网的发展，更是增加了课外思想政治教育需求的紧迫性，促使思想政治教育从定时定点的静态方式向随时随地的全方位、立体化动态方式转变。相比较而言，传统的思想政治教育是显性的，有着明确的教学提纲、教学方式和教学目标，主要限于思想政治理论课、主题团日以及其他类似的专题教育活动。而互联网的发展，让网络思想政治教育的课堂和活动形式从传统的教室、礼堂和展览参观场所，转移至浩渺无边的网络空间；教育的形式和手段也从单一的讲授、参观转变为图片、视频、网络动画等多媒体形式。

当下开展高校思想政治教育，除课堂授课内容是相对固定的之外，必须具有一定的灵活性和动态化的内容，能够根据互联网技术发展和网络舆情动向不断调整，运用没有固定形式、不设教学目标、随时随地开展的隐性教育方式。从某种程度上说，我们一定要以适应网络信息传播规律的方式从事隐性的思想政治教育，让大学生群体在潜移默化中自觉接受教育、自觉改变思想观念，更有助于提升高校思想政治教育工作的吸引力和感染力。

第一，让马克思主义在网络中占领大学生的思想高地。坚持马克思主义在我国意识形态领域的指导地位，就必须增强大学生认知马克思主义的主观能动性。互联网时代，信息传播的速度十分惊人，互联网上各种信息良莠不齐，一些错误思潮也随之传入我国，进而对大学生的思想观念产生影响。对此，思想政治教育工作者必须坚守阵地，并使大学生通过理论学习增强对不良信息和错误思潮的辨别能力和防御能力，进而坚定理想信念。为此，在不断完善传统思想政治教育工作理念和手段的基础上，一方面，应充分发挥主流媒体在大学生思想政治教育舆情引导方面的作用，不仅要及时提供真实有效的信息，营造正面积极的舆论氛围，还要有效利用主流媒体的优势，研究移动互联网时代大学生的心理特点，努力呈现多元而生动的思想政治教育场景，从信息传播的角度助推我国高校思想政治教育的改革创新；另一方面，高度重视隐性教育方法，让马克思主义在潜移默化之中占领大学生的思想阵地，增强大学生以马克思主义世界观和方法论分析和解决问题的能力。

第二，充分利用互联网的优势，打破显性教育与隐性教育的壁垒，转换思想政治教育的表达方式，加强互联网在高校思想政治教育舆情引导中的传播力和影响力。转换思想政治教育的输出方式，形成更合理、更科学的话语表达体系。开展高校思想政治教育是为了与大学生建立有效沟通渠道，形成良性互动，使思想政治教育所传递、所倡导的理想信念、精神信仰、价值规范为大学生所自觉认同，并积极践行。其表达方式不管是显性教育中常见的“严肃高冷”“活泼亲和”，还是隐性教育中的“润物细无声”，都应运用互联网技术加以整合、共同发力，增强互联网对大学生舆情引导的影响力。将思想政治教育的语言转化成适合媒体，尤其是网络传播的形式，运用大学生喜闻乐见的语言文字表达方式去阐述马克思主义和中国特色社会主义，更容易贴近大学生的学习和生活实际。互联网的出现或许可以打破思想政治教育中显性教育与隐性教育之间的壁垒，在信息传播的时效性、生动性、互动效果、话题引导方面比传统的“一是一、二是二”的思想政治教育方法的效果更好。因此，应该进一步利用互联网在舆情信息传播、舆情方向引导方面的能量，取二者之长，转换表达方式，增强思想政治教育的吸引力和感召力。结合大学生思想动态和心理变化，在唱响意识形态主旋律的同时，表达大学生想表达的话，在满足大学生合理诉求过程中变被动教化为自觉内化。同时，提供积极观点和有益见解，为高校思想政治教育注入正能量和新动力，进而形成高校思想政治教育的健康生态。

事实上，任何方法都不是万能的，每种方法都有自己特定的优势和局限。互联网时代，高校思想政治教育中的隐性教育大多是通过社会文化活动、实践活动或媒体引导来进行的，因此，隐性教育“脱靶”的可能性会相对较大，即在实行隐性教育的过程中，大学生习得的不一定是教育内容中的预期部分，也可能会掌握与预期内容不相干的内容，甚至在经过自己认知后，掌握了与预期相反的内容。另一方面，隐性教育的参与面窄小，易受时间、空间、经费的限制。例如，因为缺乏强制性的组织，媒体的引导和宣传未必能得到每个大学生的注意，其工作效果不明显且结果难以准确评估。

就显性教育而言，首先，显性教育难以在组织之外的其他场合起作用。显性教育一般在组织有序的课堂、活动等正式场合中使用，难以覆盖大学生在其他时间内接收到的负面信息和观念。其次，显性教育多依靠组织活动进行。大学生个性较强，稍不注意，显性教育就容易引起大学生的抵触心理和逆反心理。最后，显性教育多是针对大学生思想中存在的一般问题、普遍问题而开展的，活动形式比较单一，教学语言比较学术化，不够生动活泼，也很难解决大学生在现实学习生活中的实际困惑，容易导致显性教育收不到实效，较难激发出思想政治教育的创造力和生命力。

隐性教育与显性教育就好比思想政治教育的软件和硬件，二者各具特色，但都有其局限性，为了强化新时期高校思想政治教育的作用与功能，我们必须整合显性教育与隐性教育，协调二者的功能，合理优化配置，构建显性教育与隐性教育全方面协力配合的思想政治教育新模式。只有两者齐头并进，发挥各自所长，才能有效提升新时期高校思想政治教育的成效。

二、全环境育人和教育管理同步推进

全环境育人是指，“在青年教育场域呈开放性、虚拟性、共享性、平等性的前提下，思想政治教育应强调网络虚拟环境的作用，实施线上线下相结合的原则；应充分发挥教育对象的主体功能，采取自育他育相协调的方法，充分实现信息的有效传播、观念的有效传递、价值的有效传承、行为的有效塑造的新型教育理念”[①]。全环境在最初始的层级上包括两个基本部分，一是现实环境，二是虚拟环境。全环境育人不是全员育人、全方位育人和全过程育人的单纯叠加，全环

① 蒋广学．全环境育人理念的探索实践与网络思想政治教育的时代创新[M]．北京：北京大学出版社，2016：148.

境育人强调打破传统的教育主体、客体、内容、形式的划分方式，形成家庭、社区、学校以及网络社会等一个个既相互独立又有所关联的独立育人场域，强调充分发挥每个育人场域的个性化作用，以期实现信息的有效传播、观念的有效影响、价值的有效塑造、行为的有效引导，深入互联网信息时代教育活动的本质，浸染到“人”及其成长土壤本身。

而网络及其相关因素的深度嵌入成为当前高校思想政治教育的一个重要特点。开放的虚拟网络空间成为受教育者接受信息、学习知识的重要渠道，在这种“看不见、摸不着”的渠道中，教育者固有的强制力优势不复存在，大学生获得了自主选择教育资源的权利，大学生的关注度、认可度、欢迎度将决定知识信息的接受度，从而直接影响育人效果。大学生以其对网络技术的熟练掌握，实现了从网络社会生力军向主力军的转变，昭示了在育人过程中的主体性回归，享受着“技术赋权”带来的全新体验。因此，在进行思想政治教育过程中，一方面要注重对大学生互联网场域环境的塑造和影响，另一方面要紧密结合教育管理，使互联网时代高校思想政治教育的全环境育人和教育管理同步推进。只有这样，才能真正达到思想政治教育的目的。

长期以来，人们都习惯于把思想政治教育工作单纯地当作党的意识形态工作，似乎高校思想政治教育仅仅是高校党委书记、党委宣传部、马克思主义学院的事，与其他人、其他部门没有关系。这是一种严重的误解，或者说是一种认识上的严重偏差。站在国家战略的高度，必须把思想政治教育看成是国家的事，思想政治教育应当体现在国家和国民生活的方方面面，尤其是针对大学生开展的思想政治教育，应当多方合力，建构良好的思想政治教育环境，营造有利于思想政治教育的氛围。而在这个过程中，互联网通过打破信息传递通道中的既有秩序重塑了话语分布格局，使得传统教育模式中主客体泾渭分明的格局被打破，权威被平等取代，灌输为互动让路，一幅崭新的教育图景正在逐步形成。全环境育人理念通过对育人本质链条的准确把握、对教育客体主体地位的充分尊重、对不同育人场域教育合力的有效整合、对网络社会中工具异化倾向的高度警觉，为新时期加强网络思想政治教育、改进网络思想政治教育实践树立了方向标杆，提供了有益借鉴。

高校思想政治教育工作是全方位育人、全过程育人、全员育人、全环境育人的载体。在“全”上做文章、下功夫的本质是在“情”字上做文章，即对学生要以情相待。高校思想政治教育只有通过创造有利于学生成长的情感环境，以情感人、以情化人、以情育人，才能收到满意效果。

“全”是指新时期高校思想政治教育的主渠道、主战场、主要手段。

主渠道的正确引导要坚持不懈。主渠道包括思想政治理论课、党课、团课、班会。传统的高校思想政治教育形式和方法不能丢，抓好主渠道教育是新时期高校思想政治教育的基本方法。人的大脑好比一块空地，你不去种庄稼，别人就会去种庄稼，谁也不去种庄稼，它就会杂草丛生。学生大脑这块空地，先进的思想不去占领，腐朽落后的思想就必然会去占领。主渠道的高校思想政治教育工作必须把习近平新时代中国特色社会主义思想这个种子“种”进去。这是“全”的首要任务，主渠道的正确引领必须坚持不懈。

主战场要牢牢抓在手中。新时期高校思想政治教育的主战场有四个：精神文化建设(包括思想道德建设)、制度文化建设、行为文化建设、环境文化建设。不管是线上引导还是线下教育，一定要牢牢抓住这四个建设，通过精神文化、制度文化、行为文化、环境文化建设，实现以文化人，以文育人，让大学生在这样的氛围里成为做人有品格、做事有能力的人，带着这样的特质走向社会。高校思想政治教育要把主阵地、主战场牢牢抓在手中，充分发挥“浸泡”“上色”的作用。就如习近平总书记所说：“一种价值观要真正发挥作用，必须融入社会生活，让人们在实践中感知它、领悟它。要注意把我们所提倡的与人们日常生活紧密联系起来，在落细、落小、落实上下功夫。”[①]

但是，新时期高校思想政治教育仅仅依靠环境的塑造和人们的自觉还远远不够。在营造全环境育人的同时，要充分发挥教育管理的作用，一定要将两者相结合，要两手抓、两手都要硬。思想政治教育的功能作用，是解决“不懂”的问题，是发挥引领、引导、培育的作用，是告诉学生什么能做，什么不能做，什么东西必须做的认识和理解问题。而管理则具有保障、保证、纠正的功能，是在发挥“不做不行，做不到不行，做不好不行”的保障作用。当思想政治教育作用有限时，管理的作用就必须跟上。没有管理的强力保障，思想政治教育将显得苍白无力。思想政治教育不只是“润物细无声”的“和风细雨”，严格来说，管理也是思想政治教育的一种有效手段。教育和管理，二者缺一，思想政治教育的效果都将大打折扣。只有严格要求、严格管理，才是对高校思想政治教育负责，也是对全社

---

① 习近平：把培育和弘扬社会主义核心价值观作为凝魂聚气强基固本的基础工程[N]. 人民日报，2014-02-26(01).

会负责。只有持之以恒，高校思想政治教育才会不越红线，守住底线，全社会才能逐渐形成良好的社会风尚和精益求精的敬业风气。

可见，为新时期高校思想政治教育构建一个良好的媒体环境和网络氛围，一方面要全社会重视，加强对互联网和全社会良好环境的共同营造；另一方面，还是要从制度上建立健全相关规定，并能落到实处。两者是相互促进、共同发展的。只有全民参与，把思想政治教育作为每个人的责任和义务，才有可能实现全环境育人。同时，也只有管理到位，才能保障全环境育人的顺利进行。

三、传统教育与信息网络监管互为补充

互联网时代网络科技的引入，并不意味着传统的思想政治教育完全不合时宜。首先，要保留传统思想政治教育工作的精髓，探索适应新形势的教学方法，使教师教学水平和方法与时俱进，争取用大学生喜闻乐见的形式，摒弃单一空洞的大道理和口号，更为紧密地联系实际生活。在互联网时代，大学生最终要成为合格的毕业生，必须真正把马克思列宁主义、毛泽东思想、中国特色社会主义理论体系和社会主义核心价值观融入自身的理想价值观，只有这样，才能在为社会作贡献的同时真正实现自身价值。

同时，互联网时代高校思想政治教育仅仅依靠全社会的自觉和网络自身的监督还远远不够。相关法律配套的不健全和互联网与生俱来的匿名性等特征，使得构建良好的思想政治教育生态环境困难重重。这种情形下，大学生一定要学会审慎思辨、去伪存真、自省自律、理智自制。因此，大学生在互联网平台上应时刻保持警惕，避免掉入陷阱或迷失自我。创造真正属于高校思想政治教育的新时代，使大学生在网络平台上自我教育、自我成长、自我发展，为社会进步和文明发展带来更大福祉，是互联网时代高校思想政治教育的价值目标。

互联网对高校思想政治教育带来的挑战，不仅包括教育环境的变化，还包括对思想政治教育的主客体带来的挑战。因而，在互联网时代做好思想政治教育工作，不仅要让大学生群体接受教育，也有必要对从事思想政治教育工作的高校教师进行适应和利用互联网的培训，使其能够适应互联网快速发展背景下的高校思想政治教育工作。对大学生群体而言，在网络舆情环境下开展思想政治教育，除了传统的理论教育、案例教育和实践教育外，还需要加强网络认知教育，提升其网络媒介素养，并加强网络道德教育，将网络道德教育纳入思想政治教育体系，引导其在网络空间中理性表达、理性行动。对高校思想政治教

育工作者而言，一是要善于把握高校网络舆情的热点和焦点问题，强化思想政治教育工作的针对性和有效性，善于利用舆论发展的契机，将网络舆情的焦点、难点问题融入思想政治教育过程，主动进行宣传引导和政策解读，力争及时消除学生的疑惑和质疑。二是要加强组织建设，充分调动高校思想政治教育工作者的工作积极性，培养组建一支网络舆论引导和心理疏导员队伍，从思想政治教育队伍中选拔、培养一批骨干力量，关键时刻发挥其在舆论引导方面的积极作用。三是要畅通舆论沟通渠道，通过开设网上意见箱，采取网上信访等方式，搭建意见表达、师生互动、校园共治的平台，使高校师生能够畅通无阻地反映利益诉求、意见建议、心理困惑，高校管理者则需要充分尊重、吸纳师生的诉求和建议，在与师生的互动沟通中解决问题、化解矛盾，并且适时建立平等对话协商机制，推动各类问题的协商解决。

媒体监管与传统思想政治教育并举并重，做好高校媒体舆情监管治理和思想政治教育两者兼顾。要稳中求变，根据时代的发展和社会的需求，不断创新变革。在传统教育到达不了的地方，就要发挥媒体监管的作用，及时收集整理在传统课堂和活动中听不到、看不到的思想和观念，充分整合校内优势资源，加强对媒体舆情的技术分析，建立重大舆情会商、研判制度，提升舆情应对工作的联动机制，建立多种渠道了解师生意见。面对影响师生思想动态的事件，要在线上和线下深度介入舆情发展的全过程，多渠道地了解媒体舆论和师生心理变化的新动向，共同营造包容并蓄的多元媒体环境。要推动高校思想政治教育线上与线下结合。“线上就是运用好信息化手段，运用好网络阵地，给他们输送正确、健康的营养。线下就是要通过各种制度安排和健康的活动载体，让他们充分发挥自身的积极性、创造性，健康成长”①。具体而言，就是要充分借助网络媒体的传播优势，统筹好线上思想政治虚拟教育和线下实体课堂教育的关系，使两者互为补充，互促发展，形成全方位、立体化、多角度的思想政治教育格局。

四、正面宣传与向错误思潮亮剑统筹兼顾

思想政治教育是通过对信息的产生、加工、处理、传递、反馈来影响人的心

① 陈宝生：今年要打一场提高思政课质量和水平的攻坚战[N/OL]. 人民网，(2017-03-12)[2022-12-01]. http://edu.people.com.cn/n1/2017/0312/c1053-29140162.html.

灵的过程。因此，新时期高校思想政治教育工作的整个过程也就是信息传递的全过程。要做好这一工作，完成既定的目标，就要在这个过程中注意正确、灵敏、及时，把想要传递的思想和观念准确宣传出去，只有这样才能提高思想政治教育效率。事实上，互联网时代的舆论宣传导向举足轻重，可谓牵一发而动全身。导向正确的舆论宣传，能够提升各方共识，凝聚人心，形成强大的社会推动力，而负向的舆论宣传则会涣散人心、流失民意、破坏大局。正面宣传是壮大主流意识形态的必然要求，是不是坚持正面宣传为主、能不能坚持正面宣传为主，是衡量宣传工作和思想政治教育能力的主要标志。“巩固马克思主义在意识形态领域的指导地位，巩固全党全国人民团结奋斗的共同思想基础”①，必须“坚持团结稳定、正面宣传为主”的重要方针。但是，坚持正面宣传为主，绝不意味着放弃舆论斗争。“在事关大是大非和政治原则问题上，必须增强主动性、掌握主动权、打好主动仗，帮助干部群众划清是非界限、澄清模糊认识”②。要赢得舆论斗争的胜利，就要求我们在种种社会思潮相互激荡、多元文化价值观激烈交锋的互联网时代，既要坚持正面宣传为主，又要敢于并善于向错误思潮亮剑，始终坚持正面宣传和舆论斗争相统一，把正面宣传和向错误思潮亮剑结合起来，牢牢掌握意识形态工作领导权、管理权、话语权。

1. 坚持正面宣传为主

随着信息网络技术和传播技术的不断发展，意识形态斗争的主战场已转移到具有强大舆论放大功能和舆论发酵功能的互联网上，要想掌握意识形态斗争的主动权，就必须掌握互联网这个“第四媒体”。随着互联网的快速发展，不断提升网络舆论引导水平，已经成为世界各国维护社会和谐稳定的迫切需要。

随着民众公共参与意识的提升以及网络社会所带来的诉求表达渠道的拓宽，育人政策的制定越来越注重吸收受教育主体的智慧资源，越来越注重从国家长远利益和社会发展趋势着眼考察育人工作的实际效果。通过互联网将思想政治教育由过去的长篇理论说教转变为读图娱乐、视觉享受；由开会宣传、集中学习、面对面辅导、单向讲授、个别谈心，转变为利用网页、论坛、聊天室、网上图书馆、网上博物馆等方式，增强马克思主义意识形态传播的时效性。

“正面宣传”不仅要有理论教育，更应该有方法教育。前者是指在互联网平台

---

① 习近平：不断提高理论宣传水平　更好服务党和国家工作大局[N]. 人民日报，2018-07-05(01).

② 习近平：胸怀大局把握大势着眼大事　努力把宣传思想工作做得更好[N]. 人民日报，2013-08-21(01).

上宣传思想政治的理论观点和价值观念；后者是指在社会竞争日趋激烈、网络舆论纷繁复杂的背景下，向学生传授如何保持良好心态、坚持人生理念和秉承正确价值观念的方法。一是让大学生学会情绪管理。面对困惑时，青年大学生往往克制不了自身的情绪，而出现非理性行为。互联网时代高校思想政治教育的一大目标应该是通过心理教学、情绪教学等方式，让大学生群体学会控制情绪、管理情绪，使其能够以平和心态、平稳情绪和平静心理去处理突发事件和人生难题。二是帮助大学生树立理性思维习惯，通过分析社会发展的矛盾性、网络舆情的复杂性，使大学生群体能够理性看待经济发展、体制改革、社会转型过程中出现的矛盾，能够理性看待个人在国家发展和社会进步中的客观地位，避免冲动和非理性行为。

2. 敢于向错误思潮亮剑

互联网时代高校思想政治教育环境的复杂性要求思想政治教育工作者密切关注社会舆论和思想动态，及时发现非主流的声音和苗头，科学深入分析问题背后的原因和解决措施。措施是否恰当直接关系着思想政治教育的成败，也间接影响着中国特色社会主义现代化建设的进程。习近平总书记指出："坚持团结稳定鼓劲、正面宣传为主，是宣传思想工作必须遵循的重要方针。我们正在进行具有许多新的历史特点的伟大斗争，面临的挑战和困难前所未有，必须坚持巩固壮大主流思想舆论，弘扬主旋律，传播正能量，激发全社会团结奋进的强大力量。"[①]与此同时，也决不能放弃舆论斗争，要旗帜鲜明地对错误的思潮和意识形态阴谋论给予回击。正视传统舆论斗争渠道逐渐转向互联网舆论阵地的社会现实，把网络安全和信息化工作当成思想政治工作的重中之重来抓；着力扭转媒体话语权被西方资本主义长期控制的局面，竭力遏制敌对势力不断调整策略、想方设法对我们进行意识形态渗透和围堵的意图，敢于主动同敌对势力与我们夺阵地、争人心的行为进行舆论斗争。

综上所述，根据现阶段思想政治工作的新特点和新要求，我们要以辩证思维的方式和方法做出富有现实性、针对性、前瞻性和科学性的有力回应，因此，这也是新时期高校思想政治教育的必要方法。

① 习近平．习近平谈治国理政[M]．北京：外文出版社，2014：155.

第四章

高校思想政治教育网络教学模式的构建

第一节　高校网络思想政治教育

互联网环境下加强和改进高校思想政治教育的基本原则是思想政治教育工作者在思想政治教育原理和规律的指导下，为实现思想政治教育目的，开展网络思想政治教育活动过程中所要遵循的准则。它贯穿于整个教育全过程，是指导网络环境下思想政治教育各项活动的理论依据。为了使大学生思想政治教育在新的网络环境下取得良好效果，主要应把握以下几方面的原则。

一、思想政治教育与网络的结合

（一）网络与学生思想行为的关联

伴随网页浏览、E-mail、QQ、BBS、微博、微信、网络游戏的广泛应用，电脑和网络已成为大学生基本的学习、生活和休闲工具。网络以它独特的魅力吸引了众多大学生的“眼球”，使得大学生上网呈现人数多、频次高、时间长的特征，互联网与大学生的思想行为的关联性越来越强。

1. 网络改变着大学生的思想观念，积极影响与消极影响并存

网络有利于大学生新的价值理念的形成。网络的发展史，就是一部从集中到共享和开放的历史，共享、平等、效率、开放等是网络所蕴含的价值理念。首先，网络的虚实两重性、平等交互性、大众化等特点，有助于大学生平等意识、共享意识的形成。其次，网络运行的快捷性、同步性和使用的简便性，有利于培养大学生的效率观念。最后，网络的广阔兼容性，使得时空概念有了巨大的变化，世界上万事万物尽收“网中”，这对大学生开阔眼界、活跃思想、促进观念更新，增加开放意识、全球意识和多元化意识大有益处。

网络有助于大学生创新性思维方式的形成。传统教育受多种因素的影响，大学生个体创新性思维的发展受到了很大的限制，网络则拓展了大学生更为广阔的思维空间，使他们能接触到世界上先进的思想理论和科学技术等。而且，网络文、图、声并茂的多媒体传播方式，能更立体、直观地揭示事物的本质，这为培养大学生的超前思维、立体思维和创新思维，提供了条件。

然而网络的强权思想易导致部分大学生在理想信念方面产生偏差。未来学家阿尔温·托夫勒在其《权力的转移》一书中指出，世界已经离开了依靠暴力与金钱控制的时代，未来世界政治的魔方将被拥有强权的人控制，他们会使用手中掌握

的网络控制权、发布权，利用英语这种强大的语言优势，达到暴力和金钱无法达到的目的。在这样的思想指导下，以美国为首的西方资本主义国家，利用网络加紧思想文化的渗透，网上充斥着形形色色的思想言论，各种反社会主义、反马克思主义的错误论调亦混杂其间。大学生好奇心强，若无坚定的信念和相当的辨别能力，很可能因此导致理想信念和爱国主义思想的淡薄。

网络易导致部分大学生在价值取向方面产生偏差。以往大学生日常所接触的内容多来自传媒以及教师的课堂教学，其内容经过层层把关，不良因素已经被“过滤”。而作为“第四媒体”的网络，其内容五花八门、良莠不齐，难以控制。尽管防杀病毒、防火墙、分级过滤等技术不断创新，都无法消除网络信息中所有的有害成分。一些宣扬享乐主义、拜金主义、极端个人主义的内容直接呈现于大学生面前，再加上一人一机的分享方式，大学生独立自主地判断对错、是非、真假、美丑、善恶，抵御不良信息是很困难的。美国精神卫生学家詹姆斯·米勒说过，一个人接收的信息超过他能处理的极限时，可能导致紊乱。部分大学生由于社会经历和阅历较浅，判断和鉴别能力有限，其价值观念就可能受到冲击，导致“自我中心”思想日益严重，个人主义不断膨胀，在社会生活中道德选择迷惘，价值取向紊乱。

2. 网络丰富了大学生的精神需要，但削弱了大学生的道德责任感

物质需要和精神需要是人的基本需要。大学生的发展也不是没有需要的发展。马斯洛认为，人的基本需要包括生理需要、安全需要、友爱需要、尊重需要和自我实现的需要。网络在满足大学生的友爱需要、尊重需要和自我实现的需要方面具有独特的作用，这也是大学生乐此不疲地喜爱上网的原因所在。在网络空间，大学生可以开展广泛的精神文化交流和互动，满足自身的精神需要。而精神需要的发展，则从本质上升华了大学生的心灵世界。

人的思想品德主要是由知、情、信、意、行等组成。在以往的道德教育活动中，人们面对面直接地进行思想感情交流，人格力量的直接感染和模范行为的影响是最基本的途径。但网络将人置于“虚拟社会”，人与人之间的情感关系极易被人机之间的冷漠“对话”所异化。网络虽然有助于大学生掌握较为丰富的社会伦理道德知识，但在“情”“意”“行”方面难以达到以往直接交往所能实现的熏陶。在网络道德萌生和发展的初期，建立在现实社会基础上的道德规范由于不适应网络新环境而约束力下降，多元价值标准并存又使其成为众多道德选择中的一种，这无疑会引发道德评价失范和道德行为的失范。一些大学生道德责任感削弱、自我约

束力降低的问题便显露出来。

3. 网络改变了大学生的行为和群体存在方式，其正效应大于负效应

如今，网络已融入大学生学习和生活的方方面面，不仅改变了大学生的行为方式，而且也改变了大学生群体的存在方式。这种改变的正效应主要体现在以下几个方面。一是网络促进了大学生的人际交往。有些学者认为，因为网络交往的虚拟性，利用网络进行交往会使人在现实社会中走向孤独。而大多数大学生则认为，网络聊天可以使人在很短的时间内结识很多朋友，快速低成本地与他人联系是上网最主要的收获。相关对比调查显示，经常上网的人在网络和现实中的朋友数量及与朋友的交流程度都要多于不经常上网的人。许多大学生将现实中的交流发展到网上，不少人通过网络与家人、朋友、老师联系，提高了交往的效率和频率。不少大学生在网络上结识了不同地域、不同国家、不同民族的朋友，有的还将网络交往发展成通过电话、书信、见面等建立的现实联系。因此，网络对人际交往的促进作用是值得肯定的。二是网络成为大学生调节情绪的重要手段。在现实生活中，一些大学生因为各种原因不能畅快地表达自己的情绪，造成心理压抑。匿名的网络空间给大学生的精神世界营造了相对平等而自由的空间，使其情绪得以表达和宣泄，实际上起到了情绪调节阀的积极作用。三是网络丰富了大学生的业余文化生活。网络拥有强大的娱乐功能和丰富的娱乐资源，且成本较低，因而深受大学生的喜爱。网络文学大行其道，改变了大学生的阅读和创作习惯，网络也改变了大学生的语言习惯，使得一些网络流行语成为校园日常流行语。四是网络改变了大学生的群体存在方式。如今，班级、党团组织、学生社团、各类协会大部分在网络中有自己的主页和空间，并通过网络召集开展有关活动。一些大学生通过网络相互结识，并因共同的兴趣爱好，在网上形成具有稳定性的群体，且大都在现实世界中开展相关活动。五是网络能促进大学生的个性发展。不论一个人的兴趣、爱好多么冷门，通过网络都能快捷地找到志同道合者。个人的兴趣、爱好正是人的个性的重要体现。网络空间丰富多样的个性化群体为大学生个性的发展提供了可供选择的群体环境。网络对大学生行为和群体存在方式的改变，也带来了某些负效应。一是网络交往带有明显的游戏色彩，缺乏必要的信任感，且大多限于同龄人之间的交往。大学生与成人之间的社会互动较少，代际学习交流明显不足。二是大学生如不能正确处理网络虚拟社会与现实社会的关系，可能造成一定程度的心理障碍，从而引发网络沉溺综合征。有些大学生在网络上是叱咤风云的“名人”，在日常生活中却性格内向，判若两人。

4. 网络提供了广阔的学习空间，促进了大学生的学习

网络极大地扩充了大学生的学习资源。大学生可以在图书馆、多媒体教室、宿舍检索书目，预借图书，浏览期刊或数据库。以前需要四处搜集而不易得到的学术资料，在网上可以通过专业数据库轻松地搜到，这为大学生提高学习效率和质量、把握学术动态，开展学术研究创造了极为便利的条件。

网络改变了大学生的学习方式。网络课堂一方面打破了知识传授和学习的时空界限，实现弹性化教学，增强了学习的自主性和自由度；另一方面又加强了师生之间、学生之间的互动交流。教师可以随时在网上发布通知、讲义，布置和修改作业、答疑、讨论等，学生可以上网浏览讲义、完成作业、答题、接受学术指导，教与学的方式变得十分便捷。

网络带来了新的学习观念。网络素养成为大学生的基本素质，这是指大学生必须具有判断何时需要借助网络进行搜索，并且能够对搜索结果进行辨别、评价和有效利用的能力，也就是去伪存真、去粗取精的认知和判断能力。网络还重新配置了教育资源，教师由学生学习的控制者变为学生学习的促进者，由传递者变为能力培养者。此外，网络时代还要求大学生树立终身学习的观念，培养终身学习的能力。网络对大学生学习的自制力也构成了挑战。网络上大量的娱乐化信息内容，可能分散学生学习的注意力。以游戏及视听媒体为代表的强大的娱乐功能可能使部分学生痴迷而不能自拔。如果上网时间安排不当，就会打乱正常的生活学习秩序。

总之，网络给大学生带来的影响是广泛而深刻的，其积极影响是主要的，消极影响是次要的。消极影响集中体现在少数个体，集中体现在可能诱发某些不良的网络活动，对大学生的自制力构成了一定挑战。随着年级的升高和网龄的增长，大学生的网络行为和观念愈发趋向于理性和成熟。

（二）网络与思想政治教育的关联

网络作为当代最具革命性的科技成果之一，正在推动着思想政治教育的创新。网络已成为高校思想政治教育信息的新载体，它以一种全新的信息传播方式加速了思想政治教育知识和价值的传播，网络互动平台更好地满足了思想政治教育工作者和受教育者之间双向互动的需要，网络的技术特性有利于促进思想政治教育获得最佳效果，网络与思想政治教育的关联日趋紧密。

1. 网络信息承载可成为思想政治教育网络载体

载体是思想政治教育系统不可缺少的重要组成部分。教育目标的实现，教育任务的完成，教育内容的实施，教育方法的运用，教育主体和教育客体之间的互动等，都离不开一定的载体。所谓思想政治教育网络载体，就是通过网络，向人们传播丰富、正确、生动的思想政治教育信息，以帮助人们形成时代发展所需要的思想观念、政治观点、道德规范以及健康的精神状态。

思想政治教育载体是指承载、传导思想政治教育因素，能为思想政治教育主体所运用且主客体可借此相互作用的一种思想政治教育活动形式。如开会、谈话、理论学习、管理工作、文化建设、大众传媒、精神文明创建等，都是思想政治教育的载体。教育者正是借助这些载体对教育对象进行教育并与之双向互动，从而达到一定的教育目的。

在网络中，思想政治教育信息承载具有如下特点：一是多媒体技术使教育内容的形态从平面化走向立体化，由静态变为动态，从现实时空转向虚拟时空；二是网络的超大信息量，使教育内容变得丰富而全面，并且具有客观性和可选择性；三是极高的文化与科技含量，将教育信息的政治性本质融入历史文化知识和现代科技信息之中；四是人们有意识提供的或无意识提供的思想政治教育信息有可能淹没在信息的海洋中而不能有效地传播给受教育者；五是各种积极的或消极的、先进的或落后的信息都可在网上传播，并已超越了地区和国家的界限，需要大学生具备较强的信息辨别能力。

通过网络这一载体进行思想政治教育，可以扩大思想政治教育的覆盖面和影响力，使大批大学生网民在网络获得广泛的社会信息的同时，接受思想政治教育信息，从而不断提高思想道德素质。而且，这种思想政治教育并不单单只作用于大学生网民，同时还作用于教职工等广大人群，并对其他载体的思想政治教育影响构成一种补充，从而形成全方位的思想政治教育态势，大大增强了思想政治教育的影响力和有效性。

2. 网络信息传播可加速思想政治教育知识价值传播

从传播学角度看，思想政治教育是阶级社会的一种特定的社会信息传播现象和活动，是以思想观念、政治观点、道德规范为核心的思想政治教育信息的传播行为和过程。

思想政治教育网络信息传播，是教育者运用网络有意识、有目的地对受教育者施加影响，通过思想政治教育信息的传递接受与反馈，以达到彼此共享、互动的社会行为和过程。

在此过程中，教育者向受教育者传递信息，是开展思想政治教育的起点。教育者传递的信息如果能被受教育者所接收，那么他们之间就形成了信息共享，即教育者对信息的独享变成了教育者和受教育者的共享。而且，思想政治教育是教育者有目的地对受教育者施加影响，通过对受教育者传递社会主导价值观，使受教育者的个人价值观与社会主导价值观相一致的过程。

较之传统的思想政治教育信息传播，网络信息传播具有明显的优势，这对思想政治教育知识和价值的传播非常有利。究其原因，一是其吸引力更大。网络将多媒体信息集为一体，能够极大地激发大学生的求知欲与想象力，最大限度地调动学生获取信息的主动性、参与性。二是其感染力更强。网络提供的色彩鲜艳的图片、悦耳的音乐、生动的视频和动画等信息内容，使人仿佛身临其境，对人的影响力大大增强。三是快捷性更高。网络四通八达，方便快捷，可在任何一个网络终端，随时高效获取知识和信息。四是开放性更广。网络为大学生提供了更大范围的学习和社会实践环境，帮助他们关心世界、关注社会、了解和认识自我，从而在社会化过程中趋于成熟和完善。

但网络也带来了不同文化和价值观念的冲突。一些别有用心的人，有意识地把网络作为对我国实施"西化、分化"的新手段，借助网络大量制造传播不良信息，宣传腐朽的生活方式。网络信息良莠不齐，致使有的大学生失去辨别能力和自制能力，沉迷于网络；有的则理想信念和价值观念模糊，社会责任感淡薄。对此我们决不能掉以轻心、等闲视之。

3. 网络互动平台可满足思想政治教育互动需要

在开展思想政治教育过程中，教育者和受教育者的行为和活动都需要互动。这种互动表现在信息传递、接受和反馈的过程中，即体现在教育者信息的传递和受教育者对此的能动接受，受教育者信息的传递和教育者对此的能动接受上。也就是说，思想政治教育信息传递应当是建立在教育者与受教育者互动基础上的思想观念与情感意识的交流过程。

但以往的思想政治教育采用较多的是单向灌输的方法，硬性地把社会要求的思想观念、道德规范传递给受教育者，忽视了受教育者的需求和接受能力，抑制了受教育者接受教育的积极性、主动性和创造性，使受教育者处于从属地位。

网络为人们提供了一个开放的互动平台。日益发展的网络，使大学生跳出了相对封闭的校园天地，进入一个信息飞速更新的网络新世界，其主体意识不断增强。他们不再满足于教育者的单向灌输，而是积极主动地探索思想政治教育的相关知识和有价值的信息，与教育者实现着线上线下的良性互动。而且，在网络交往中，无直接利害冲突关系的交往，有利于建立宽松的人际关系。因此，在思想感情传达上，交往者可以直抒胸臆，不必像日常生活中那样吞吞吐吐或胆怯害羞，容易达到交往的较深层次。同时，角色还是可以互换的，在浏览网页、接受各种思想政治教育信息时，参与者是以受教育者的身份出现的；而在参与各种网络信息的制作、发布等网络实践活动，将自己的思想、观点以信息的形式传播出去时，参与者又成为教育者。因此，在网络互动平台上，思想政治教育工作者与受教育者关系上更融洽，双方都能较好地发挥其主体性。

正因为如此，从现代传播学角度看，网络思想政治教育信息传播活动的主体不仅有教育者，还有受教育者。因为教育者往往同时又是受教育者，而受教育者往往又是教育者，是他们共同的行为和作用促成了网络思想政治教育信息传播的开展。教育者和受教育者的关系是相互依存、相互制约。

4. 网络技术特征可促进思想政治教育取得最佳效果

检验思想政治教育是否有效以及效果的大小，其主要依据就是思想政治教育目的和意图的实现程度。一是教育者将社会要求的思想观念、道德规范等思想政治教育信息作用于受教育者的知觉和记忆系统，引起其信息量的增加和信息内容构成的变化，这属于认识层面的效果，也就是受教育者对思想政治教育的认知。二是作用于受教育者的观念和价值体系而引起情绪或感情的变化，属于心理和态度层面上的效果，也就是社会主导价值观的内化。三是这些变化通过受教育者的言行表现出来，成为行动层面的效果，也就是行为范式或行为习惯的养成。

上述三个层面，第一和第二层面属于“内化”，即受教育者在教育者的帮助下或在其他社会教育因素的作用下，接受社会要求的思想观念、道德规范并转化为个体意识，也是个体不仅真正地相信、接受和遵守社会要求的思想观念和道德规范，还自愿将这些要求作为自己的价值准则与行为依据的过程。第三层面属于“外化”，即受教育者将个体意识转化为良好行为，并多次重复良好行为使其成为行为习惯，产生良好的行为结果的过程。三个层面体现了思想政治教育效果形成的不同阶段，从认知到态度再到行动是一个效果累积、深化和扩大的过程。

取得思想政治教育的最佳效果，内化是关键。高校促进大学生实现思想政治教育内化的途径和方法离不开为大学生提供丰富而有价值的教育资料，推进大学生的自我教育。从网络所表现出来的技术特征来看，网络为思想政治教育的创新和促进大学生实现思想政治教育内化提供了新的契机。

一是网上丰富的共享信息，为开展思想政治教育提供了充足的资源。二是网络传输的快捷性和交往的隐匿性，有助于迅速、准确地了解受教育者的思想情绪和他们关心的热点问题，从而有助于加强思想政治教育的针对性。三是网络主体的平等性和交往的互动性，有助于实现受教育者主动参与对话交流，有助于推进受教育者的自我教育，从而提升思想政治教育的实效性。四是网络传输的超时空性，扩大了思想政治教育的覆盖面，促进了思想政治教育的社会化。

此外，网络的开放性和超时空性，有助于多元化观念和全球意识的养成；网络信息传输和更新的快捷性，有助于增强人们的效率观念、竞争意识及创新意识；网络交往的自由性和平等性，有助于增强人们的民主意识和权利意识；网络空间的匿名性活动，在削弱外在约束机制的同时，也有助于人们道德自主意识的提升。这些观念的形成，在培养大学生的独立性、自主性、创造性等主体性品质，实现和谐发展，取得思想政治教育的最佳效果方面，具有积极作用。

二、网络思想政治教育的发展趋势

网络思想政治教育是一个渐进的过程，它随着网络信息技术的进步而发展，随着网络思想政治教育实践的推进而不断发展。而网络技术是朝着有利于社会发展的需要和人的全面发展的需要而不断进步的，因此，网络思想政治教育的发展趋势是可以预测的。

（一）预测网络思想政治教育发展趋势的依据

马克思主义认为，任何事物的发展变化都有内因和外因两个方面，内因是发展变化的根据，外因是发展变化的条件。按照马克思主义观点，笔者认为网络思想政治教育的发展趋势应该从以下两个方面来把握。一是人类社会的发展具有这种内在需要。这种需要就是网络思想政治教育发展的内在动力，正如马克思、恩格斯所指出的那样："一切划时代的体系的真正的内容都是由于产生这些体系的那个时期的需要而形成起来的。"[①]二是能够提供为这种需要服务的网络信息技术等相关条件。网络思想政治教育的发展离不开网络信息技术的支撑，但网络信息技术的进步同其他任何技术一样，都是一个渐进的过程，不可能一蹴而就。能否提供这种网络信息技术，也就成了预测网络思想政治教育发展趋势的重要依据。

（二）网络思想政治教育发展的主要趋势

既然网络思想政治教育的发展趋势是可以预测的，那么，网络思想政治教育

---

① 马克思恩格斯全集：第3卷[M]. 北京：人民出版社，1960：544.

的发展趋势有哪些呢？根据上述分析，网络思想政治教育的发展趋势是多方位的，但主要是网络思想政治教育个性化、网络思想政治教育社会化、网络思想政治教育生活化和网络思想政治教育制度化四个发展趋势。

1. 网络思想政治教育个性化的发展趋势

网络思想政治教育个性化是指网络思想政治教育应使受教育者的个性得到张扬和发展。这与传统思想政治教育用同一个模式来塑造不同的人是根本不同的。网络思想政治教育个性化发展趋势的依据包括如下内容。

(1)人的个性发展，需要个性化的网络思想政治教育。这是网络思想政治教育个性化的内在动力。人的个性是指一个人的比较固定的特性，是个人的自我意识及由此形成的个人特有的素质、品格、气质、性格、情感等的总和。个性是人的主体性的个体表现，哲学所理解的人的个性也就是个人的主体性。思想政治教育是人的个性发展的重要条件，它影响和决定人的个性发展的方向。从这方面来考察，人的个性发展主要有以下一些需求：一是需要大量可供自主选择的思想政治教育信息；二是需要提供自主参与思想政治教育实践活动特别是创造性活动的广阔舞台；三是需要有足够的自由时间参与思想政治教育活动。只有具备了这些条件，思想政治教育才可能成为自由自觉的活动，即思想政治教育才能促进人的个性发展。

(2)互联网技术的发展，为网络思想政治教育个性化提供了条件。互联网传播是一种分布式(发散型)网状传播结构，这种传播结构使互联网具有开放性、交互性、虚拟性、快捷性等特性。互联网的开放性使它的任何一个网络节点都能够生产、发布信息，所有网络节点生产、发布的信息都能够以非线性方式流入网络之中。因而人们可以自主地选择或发布思想政治教育信息；互联网的交互性，使数以万计的受众可以同时迅速地反馈信息、发表意见，这就从根本上改变了传统思想政治教育交互的局限性；互联网的虚拟性、多媒体性为主体的创造性活动提供了最好的舞台，使之自由地在虚拟的世界里翱翔，创造出更多的精神财富；互联网的快捷性大大提高了劳动生产率，节约了大量的劳动时间，人们不必把全部时间和精力花费在物质资料的生产上，这就为人们参与思想政治教育活动提供了自由可支配时间。

从以上分析不难得出，人的个性发展呼唤网络思想政治教育的个性化，而互联网又为思想政治教育的个性化提供了条件，因而网络思想政治教育的个性化是必然的发展趋势。

2. 网络思想政治教育社会化的发展趋势

网络思想政治教育社会化是指网络思想政治教育应依靠全社会各方面的力量。网络思想政治教育社会化发展趋势的依据包括如下内容。

(1)思想政治教育的发展呼唤网络思想政治教育社会化。网络思想政治教育自开展以来，通过探索与实践，已经取得了许多成功的经验和一批有价值的成果。例如，建立思想政治教育网站；加强对 BBS 的引导；建立网络德育研究基地；开展系统的网络思想政治教育研究等。但是，网络思想政治教育同样面临着一系列重大问题，比如，在网络思想政治教育内容方面，存在着社会不断涌现的新情况、新问题与相对滞后的思想政治教育内容的矛盾。互联网的发展，改变了以往的生产力要素结构和劳动力布局，从而促进了社会生产力的大发展；造就了与网络社会相适应的思维方式，即“网络化思维方式”，促进了人的思维方式的变革；促进了新的经济形态的产生，推动了产业结构的重组和调整；促进了经济增长方式的根本转变和生产率的提高；改变了企业的经营理念和营销模式，促进了经济全球化的发展等。总之，互联网的发展给社会带来了巨大的变化，给人们的思想观念和生活方式带来了深刻的影响。相比之下，网络思想政治教育的内容则较为单调。如何根据形势发展变化带来的新情况、新问题，及时地调整、充实思想政治教育内容，使其与不断变化的社会现实相适应，这是网络思想政治教育必须解决的重大问题。再比如，在网络思想政治教育形式上，存在着全方位、多层次的社会影响与思想政治教育途径相对狭窄的矛盾。随着现代信息传播工具的广泛应用，人们获取信息的渠道也越来越多，既有积极的，也有消极的。如何及时解决来自全方位、多层次的社会影响，这是网络思想政治教育必须解决的又一重大问题。思想政治教育从根本上来说，就是做人的思想工作，它本身在解决现实问题过程中得到生存和发展。因此，网络思想政治教育要面向网络社会谋求发展，要渗透到社会生活的各个领域中去。而要做到这一点，就要改变只依靠网络思想政治教育部门和网络思想政治工作者的状况，必须实现网络思想政治教育的社会化。

(2)互联网技术的发展为网络思想政治教育社会化提供了条件。一是提供了丰富的资源。由于互联网具有开放性等特征，特别是新一代互联网实行了电信网、计算机网、有线电视网的合一，真正能够将全球不同社会、不同种族的文化信息“一网打尽”，实现文化信息的全球化。网络上每一种文化产品都具备“世界性”与“全民性”，不论贫富贵贱，不分男女老少，都可以尽情享受。特别是，互联网上的文化产品的供应没有配额，不受数量的限制，也不受供应时间的限制。

二是提供了途径和方法。互联网技术的发展，使网络思想政治教育进入社会的各个方面。各种社交网络平台、App又为社会各界参与思想政治教育提供了技术支持，初步形成了网络思想政治教育多途径、多形式的立体式格局。随着新一代互联网的广泛应用，现实世界和虚拟世界逐步走向融合，特别是多媒体技术的深度发展，为网络思想政治教育提供了更多的途径和方法。

3. 网络思想政治教育生活化的发展趋势

网络思想政治教育生活化是指应将网络思想政治教育信息融入受教育者的网络生活之中。网络思想政治教育生活化发展趋势的依据包括如下内容。

(1)随着人的生存方式的发展，网络思想政治教育需要生活化。生存方式，一般指人类生存和发展的活动方式，包括生产方式和生活方式。生产方式是人们取得物质资料的方式，包括生产力和生产关系两个方面。生产力是人类改造自然、征服自然、获得物质资料的能力，包括劳动者、劳动资料和劳动对象，其中劳动者是决定性因素。生产关系是指在生产过程中形成的人和人的关系，包括生产资料归谁所有，人们在生产过程中的地位和相互关系，产品分配的形式，其中生产资料所有制在生产关系中起决定作用。生活方式有广义和狭义两种解释。广义的生活方式是包括生产活动在内的人类全部生活活动的现象、方式和特征的总和，包括劳动生活、经济生活、政治生活、文化生活、精神生活、家庭生活等。可见，广义的生活方式包括生产方式。狭义的生活方式则是指除了生产活动之外的人类社会生活活动方式的总和，也就是指个人及其家庭的日常生活的活动方式，包括衣、食、住、行以及闲暇时间的利用等。

互联网的迅速发展，使人们生活在两个世界，一个是现实世界，另一个是虚拟世界。而在虚拟的环境中，网络主体的真实身份被虚拟化了，网络主体的地位是平等的。在这种情况下，受教育者对网络思想政治教育信息的吸收是一种自主选择，传统思想政治教育中的“灌输”方法已经显得苍白无力。因此，只有把网络思想政治教育信息与受教育者的各种生活信息紧密结合，网络思想政治教育才能收到实效，才有旺盛的生命力。

(2)互联网技术的发展为网络思想政治教育生活化提供了条件。互联网自1994年进入商业营运以来，由于需求不断增加，新的技术及其应用不断拓展。现在，电子邮件、远程教育、虚拟现实、电子商务、电子政务、网络社区、网络新闻、网络游戏、博客、播客等技术的日益广泛应用，使人们的生产、学习、生活和休闲方式发生了深刻变化，同时也为网络思想政治教育的生活化提供了技术支持。随着网络信息技术的不断发展，信息终端将无所不在，可以预料，随着人们生活网络化的拓展，网络思想政治教育的生活化将不断得到深入发展。

4. 网络思想政治教育制度化的发展趋势

网络思想政治教育制度化是指网络思想政治教育应实现法律、法规、政策、规范等方面的保障。网络思想政治教育制度化发展趋势的依据包括如下内容。

(1)网络思想政治教育环境的治理呼唤制度化。开展网络思想政治教育首先要治理好网络思想政治教育环境，否则，网络思想政治教育将收效甚微。因此，治理网络思想政治教育环境，是开展网络思想政治教育的基础工程。网络的开放性特征使得它在给网络主体带来大量有用信息的同时，也带来了许多消极的信息和不良影响。为了减少不良影响，维护好网络秩序，净化网络思想政治教育环境，必须借助制度的强制性来实现。特别是法律、法规，它以“必须”的形式使人们不敢超越法律、法规的限制。完备的法律法规是有效管理网络、预防遏制各种不良行为的关键。虽然目前相应的网络法律、法规的制定、实施和完善还需要一个相当长的过程，但网络思想政治教育环境的治理必将走上制度化的路子。

(2)网络思想政治教育途径的实现呼唤制度化。网络思想政治教育的基本途径有两条：一是建立思想政治教育的网站或网页。这条途径无疑很重要，它可以提高网络思想政治教育的系统性、及时性和影响力。但要想建好思想政治教育的专门网站或网页，就必须以制度为保障，切实解决好思想政治教育网站或网页的地位、功能、目标、内容、队伍、经费等一系列重大问题。二是将思想政治教育信息渗透到各项业务信息中去。我们知道，由于网络主体是以符号形式出场的，真实个人的“缺场”使其缺乏责任感和约束力。网络主体身份的隐蔽性就导致对信息的自由选择性。在这种情况下，受教育者要自觉寻找、吸收思想政治教育信息的可能性不大。因此，网络思想政治教育在一定程度上仍然需要坚持“灌输”的方针，即把思想政治教育信息与各项业务工作信息有机地结合起来，让受教育者在潜移默化中获取、吸收思想政治教育信息。而要做到这一点，就离不开制度的约束，使思想政治教育信息与业务工作信息结合成为可能。

(3)互联网技术的发展为网络思想政治教育制度化提供了条件和可能。互联网的虚拟性，使得网络主体可以将自己的真实身份隐蔽起来，从而不易受物理空间的制约。但这种隐蔽只是相对的，运用现有技术，可以对网络用户的 IP 地址进行解读，由此可以“顺藤摸瓜”，确定网络用户的真实身份。因此，网络用户的隐蔽性也只是相对而言。新一代互联网就有较严格的管理规范，配备唯一确定的IP地址协议。从长远角度看，这种技术上的硬性控制会随着科技的发展得以实现，这样就为网络思想政治教育的制度化提供了保障。

第二节 高校思想政治教育网络教学模式构建理论

就网络时代高校思想政治教育工作而言，就是要以习近平新时代中国特色社会主义思想为指导，推进高校网络思想政治教育的制度化建设，贯彻落实以人为本的教育理念，以学生、教师、高校的和谐发展为主要目标，尊重学生的主体地位，注重教师在思想政治教育工作中的重要作用，积极引导学生共同构建和维护健康向上的网络环境，逐步形成高校思想政治教育工作的新平台，不断提高师生综合素质，使高校网络思想政治教育成为精神文明建设的必要推动力。

一、网络思想政治教育的目的论及其指导价值

网络思想政治教育的根本目的就是要促进人的全面发展，这就决定了马克思主义关于人的全面发展理论在网络思想政治教育理论中的基础地位。

（一）马克思主义关于人的全面发展理论

关于人的全面发展的思想，空想社会主义者欧文曾在《人类思想和实践中的革命》一书中，提出要通过教育“培养智、德、体全面发展的有理性”的新人。马克思在充分肯定欧文天才预测的同时，批判了欧文脱离社会历史发展的空想成分，建立了科学的人的全面发展学说。马克思早在《1844 年经济学哲学手稿》中就把“自由”确定为人类本质的一种属性；在《德意志意识形态》一书中则正式提出了“个人的全面发展”这一科学概念，阐述了个人全面发展的基本含义。后来马克思、恩格斯又在《共产主义原理》《资本论》《反杜林论》等著作中进一步对人的全面发展学说进行了系统阐述。

在马克思那里，人的全面发展包括三个相互关联的层面，即人的主体性的发展、人的实践的发展、人的社会关系的发展。主体性、实践和社会关系是马克思关于人的本质含义的三个方面。主体性是人作为社会活动主体的规定性，是主体在与客体相互作用中得到发展的人的自觉、自主、能动和创造的特性。马克思关于主体性的思想，集中体现在《关于费尔巴哈的提纲》中，他指出：“从前的一切唯物主义——包括费尔巴哈的唯物主义——的主要缺点是：对对象、现实、感

性，只是从客体的或者直观的形式去理解，而不是把它们当作人的感性活动，当做实践去理解，不是从主体方面去理解。”[①]马克思通过对主体性的历史和现实考察，认为人的主体性主要表现为：一是人作为主体的自由自觉的能动性。马克思在《1844年经济学哲学手稿》中，从人作为人而存在的必然性、本质和根本方式出发指出，人首先是一种追求自由自觉活动的存在物，是“能动的自然存在物”。二是人作为主体的创造性。马克思认为，主体的“劳动是积极的、创造性的活动”。三是人作为活动主体的自主性。马克思、恩格斯在《德意志意识形态》中就把主体的活动称为“自主活动”，并认为“这种自主活动就是对生产力总和的占有以及由此而来的才能总和的发挥”[②]。社会关系是人的社会本质的体现，“社会关系实际上决定着一个人能够发展到什么程度”[③]。马克思认为人生来就是以关系的形式存在着的，并十分注重关系的全面性，他指出：“人的本质不是单个人所固有的抽象物，在其现实性上，它是一切社会关系的总和。”[④]

马克思还认为，人与社会的关系、人与自然的关系、人与自我的关系这三个方面彼此之间不是孤立的，而是同一个过程的三个不同层面。“人对自身的任何关系，只有通过人对其他人的关系才得到实现和表现。”[⑤]“社会是人同自然界的完成了的本质的统一”[⑥]，而主体人和自然的关系则在社会关系中才能存在和完成，实践是人的生存方式。按照马克思、恩格斯劳动创造人的观点，人的发展的一切条件中最重要的是人自身的活动，其他条件最终都要通过人的活动发生作用。实践是“使人从动物界上升到人类并构成人的其他一切活动的物质基础的历史活动”[⑦]。人的发展在人的本质的三个方面，实践本质居核心地位，它是人的主体性本质和社会关系本质的统一。人的实践方式的全面发展在人的全面发展中居核心地位，也就是说，实践的发展最终决定了人的全面发展。

首先，人的主体性的实现，或者说人的自由自觉活动的实现，本身就表现为一种劳动——实践活动——的解放。其次，人的社会关系的全面发展也依赖于实践的发展，或者说依赖于生产力的发展。最后，人的全面发展的动力根源于人类

① 马克思恩格斯文集：第1卷[M]. 北京：人民出版社，2009：503.
② 马克思恩格斯文集：第1卷[M]. 北京：人民出版社，2009：581.
③ 马克思恩格斯全集：第3卷[M]. 北京：人民出版社，1960：295.
④ 马克思恩格斯文集：第1卷[M]. 北京：人民出版社，2009：505.
⑤ 马克思恩格斯文集：第1卷[M]. 北京：人民出版社，2009：164.
⑥ 马克思恩格斯文集：第1卷[M]. 北京：人民出版社，2009：187.
⑦ 马克思恩格斯文集：第9卷[M]. 北京：人民出版社，2009：422.

实践方式的发展，即根源于生产力的发展以及由生产力所推动的人的社会关系——包括物质关系和思想关系——的发展；因此，实现每个人的自由而全面的发展，依赖于生产力的高度发达，以及在此基础上的物质文明、政治文明和精神文明的实现。

（二）马克思主义关于人的全面发展内涵在网络文化条件下得到延伸

马克思关于人的全面发展的内涵在网络文化条件下得到了极大的延伸。因为现实世界中的人，既生活在现实社会中，又生活在网络虚拟社会中。人的全面发展的内涵延伸具体体现为实践内涵的延伸、主体性内涵的延伸和社会关系内涵的延伸。

1. 网络文化条件下人的实践方式的延伸——虚拟实践

对“虚拟”如何界定，目前学术界还没有一个统一的认识，其中主流观点认为，虚拟是指人借助符号化或数字化中介系统而超越现实性的思维方式和实践方式。“虚拟”并不等于“虚幻”和“虚假”，更不等于“虚无”。虚拟的实质是一种物质存在和信息活动的新方式或新形式。它虽然不具有直观可感的有形物质的特征，但它的的确确是一种客观存在，只不过这种存在的表现形式，更多是由无形的但能直接看到的数字信息符号和电子信号构成的。所谓虚拟实践，即实践的虚拟化，是指虚拟主体在虚拟空间使用数字化手段，对虚拟客体进行的有目的的感性活动。

虚拟实践是人类实践发展的一个新阶段，是一种相对独立的新型实践形态，它不是简单地从属于传统意义的现实实践，也不是现实实践的翻版，而是现实实践的延伸和升华。它使人的实践对象第一次突破了纯粹形式的外部物质世界的界限，它将数字化符号上升为实践的中介手段，把人类社会活动的信息经由计算机系统进行数字化处理和合成转换，使主体置身于一个新的关系实在的虚拟实境中。实践手段的“数字化”，是虚拟实践突破以往实践的局限，并崛起为一种新型实践形态的基石和标志。虚拟实践为人类打开了探索事物存在和发展的多种可能性的空间，它可以超越现实时空和物质条件的局限，较自由地将事物的多种可能性外化为对象性存在，甚至使以往在现实中无法展现的一些可能性，变成可在虚拟空间中展现的可能性。

虚拟实践为人的个性发展提供了广阔的空间，它进一步培育了人们的自主意识、平等意识、权利意识、开放意识，全方位地提升了人的自主能动性和潜能，从而极大地促进了健全人格、独立个性的形成和社会的进步。但是，虚拟实践也

伴随着代价的付出。数字化犯罪、计算机病毒侵害、信息垄断、信息污染、信息欺诈等，使虚拟实践又对人类的生存、发展产生了负面影响。在这里，值得进一步指出的是，尽管虚拟实践也带来了各种各样合理的或不合理的代价，但总的来说，它是人类超越活动的重要成果，并为人类追求自由解放开辟了广阔的道路。可以预料，随着数字化虚拟实践的应用日益广泛，人类对客观世界的超越和自我超越将会出现新的飞跃。

2. 网络文化条件下人的主体性的延伸——虚拟主体性

主体性是指人在主体与客体关系中的地位、能力、作用和性质，其核心是人的能动性问题。主体性包括能动性、自主性、创造性和自为性。哈贝马斯把主体之间的"交往"看作"主体性"形成的前提，主体通过社会交往而认识自身。所谓虚拟主体性，就是指网络虚拟空间的主体所表现出来的特性。虚拟主体性较之现实主体性得到了空前的凸显，主要表现在以下几方面。

第一，网络主体的能动性和自主性得到了极大的提升。网络虚拟空间为人们敞开了一个多元化的视界。在这里，每个人可以根据自己的价值取向，自由选择活动的对象目标和运作内容。在每一台电脑终端，每个人都能够以独立的主体身份操作，都能平等地享有充分的主体性地位。更为重要的是，在这自由的空间里，主体可以充分发挥自己的才智，可以尽情地在网络时空中遨游，从而体验到从未体验过的自主感，切实感受到主体性的高扬，使主体意识不断强化。

第二，网络主体的创造性得到了空前的超越。在电脑屏幕上展现出的各种图景，虽然可以是对现实生活的真实模拟再现，但这还不是网络虚拟的最优的功能，而最能体现其功能的是超越现实的创造性。在网络虚拟空间，人们可以利用电脑的智能和虚拟的超现实优势，把现实中的不可能性或者只能在思维中展现而难以在现实空间展现出来的可能性，变成虚拟空间可以反复再现的可能性，创造出现实生活中难以展现的对象，从而有助于主体想象力、创造力的不断提高。

当然，人的主体性的张扬和主体力量的显示，总是伴随着一定的代价。人在虚拟空间中处于一种双重境地，虚拟性与现实性的矛盾、人性与技术的冲突是人们经常面临的问题。在虚拟空间，人的主体性在获得发展的同时，又往往经受着新的束缚甚至奴役。在一定程度上，人在虚拟空间中正沦为电脑、信息、技术的"奴隶"。由此可见，对于虚拟空间中人的主体性，我们不能单以传统的主体性观念来加以考察，它的内涵是随着实践的发展而发展的。从实践的观点看，虚拟空间既不是人的主体性的根本消解，也不是人的主体性的无代价的提升，而是人的主体性发展的一种历史延续。虚拟空间本身并不是一个理想的自由王国，但它却为全面的、开放的、完善的主体性的形成提供了条件。

3. 网络文化条件下人的社会关系的延伸——虚拟社会关系

社会关系从本质上来说，不过是人的本质力量的外在显现而已。人的本质力量越丰富，则显现的形式就越多样化。与之相对应的是，社会关系也越丰富和多元化。虚拟社会关系的产生，正是人的本质力量不断提升的必然结果。所谓虚拟社会关系是指虚拟主体在网络虚拟空间建立起来的各种关系的总和。虚拟社会关系的建立，使社会交往扩大化、普遍化和深刻化，对丰富和发展人的社会关系具有重大意义。网络虚拟社会关系表现出以下特征。

第一，网络虚拟社会关系是一种开放型的关系。关系双方既不必有血缘关系，也不必有地缘关系和业缘关系。交往对象的职业性质、社会地位、经济状况、文化背景、居住地域等差异，已不再成为影响交往的前提条件。只要有共同的交往需求并认同交往内容，就可以自由地进行交往，而且每一个虚拟主体都可以同时以多种角色与多个对象交往。因此，网络虚拟社会关系不仅可以涵盖现实社会关系，更重要的是它可以无限地拓展，只要是有电脑终端的地方，网络虚拟社会关系都可以延伸至此。

第二，网络虚拟社会关系是一种平等型的关系。在网络虚拟空间里，交往主体是以符号形式出场的，真实个人的“缺场”使主体之间缺乏直接的感性接触，所以相互之间也就缺乏约束力。在这里，交往主体的地位是平等的，没有高低贵贱之分。在这种情况下，虽然交往主体的责任感和对于对方的责任期望值，都比现实交往低得多，但从总体来看，交往主体之间的信息都是一种真情的流露与表达。同时，交往主体之间关系的建立与结束，也不受交往对象和其他任何因素的制约，充分体现了自愿交往的原则。与现实社会中交往主体受各种约束相比，网络交往方式不能不说是一种交往方式的解放。

虚拟实践和虚拟主体性、虚拟社会关系是不可分割，彼此相互关联、相互促进的。在这三者关系中，虚拟实践是基础，虚拟主体性和虚拟社会关系是虚拟实践的体现和结果，因为虚拟实践拓展了人的实践方式，它也必定会拓展人的主体性和人的社会关系。虚拟实践不仅使人的主体性获得了新的发展形式，同时，虚拟实践也创造了新的社会环境，极大地丰富了人的社会关系。虚拟主体性和虚拟社会关系的发展，又反过来促进虚拟实践的深入发展。马克思主义人的全面发展理论告诉我们，网络思想政治教育要以促进人的全面发展为出发点和落脚点，要

促进人的能力、主体性和社会关系的协调发展。人的能力的发展、主体性的发展和社会关系的发展，归根结底要靠实践的发展，因此，要以实践为中心，并把现实实践与虚拟实践有机结合起来。

二、网络思想政治教育的方法论及其指导价值

网络思想政治教育的内容和方法是网络思想政治教育的两个基本要素，网络思想政治教育方法论本质上是网络思想政治教育内容和方法的有机结合，生活化理论为网络思想政治教育方法论提供了重要支撑。

自文艺复兴以来，许多哲学家学者对生活进行了多视角的研讨，形成了丰富的生活理论。在众多的生活理论中，马克思主义生活理论、生活世界理论等网络思想政治教育奠定了重要的理论基础，并对网络思想政治教育产生了重要指导作用。

（一）马克思主义生活理论

马克思主义哲学的“生活”是贯穿着物质辩证性、由物质生活和精神生活互生互动的真实生活过程。依照马克思主义哲学逻辑，任何社会现象无不源自人们的现实生活，看似独立高深的精神现象亦是如此。在马克思看来，对一切精神性的东西必须坚持从生活第一性的原则出发来加以说明，只有这样才能揭示精神性的东西之本质以及它们的价值，对宗教如此，对意识形态如此，对一切历史的“原则”也当如此。因此，“道德、宗教、形而上学和其他意识形态，以及与它们相适应的意识形态便不再保留独立性的外观了。”[①]在马克思那里，他始终坚持“不是意识决定生活，而是生活决定意识”[②]。坚持一切都“只能从对每个时代的个人的现实生活过程和活动的研究中产生”[③]。恩格斯在《反杜林论》中这样论述：“人们自觉地或不自觉地，归根到底总是从他们阶级地位所依据的实际关系中——从他们进行生产和交换的经济关系中，获得自己的伦理观念。”[④]这就是说，一切变化实质上都是生活世界的变化或生活世界所发生的变化之直接或间接的表达；离开了生活世界，一切都是无根的，也不能得以说明，更不能得到合理的改造。毛泽东同志在《实践论》中指出：“无论何人要认识什么事物，除了同那个事物接触，

① 马克思恩格斯文集：第1卷[M]. 北京：人民出版社，2009：525.
② 马克思恩格斯文集：第1卷[M]. 北京：人民出版社，2009：525.
③ 马克思恩格斯文集：第1卷[M]. 北京：人民出版社，2009：526.
④ 马克思恩格斯文集：第9卷[M]. 北京：人民出版社，2009：99.

即生活于(实践于)那个事物的环境中，是没有法子解决的。”[①]这也说明认识只能来源于生活。

思想政治教育是一种意识形态教育，马克思主义的生活理论在思想政治教育中同样适用。人们的思想政治品德及其需要是在人们的现实生活实践中形成的，通过彼此之间利益关系的处理表现出来，只有在现实生活实践中才能判断一个人的言行是善还是恶，是美还是丑，是道德的还是不道德的；也只有在不断的生活实践中，才能逐渐形成一个人稳定的思想政治品德和思想政治情操。正如法国著名的思想家爱尔维修所说：“如果我生活在一个孤岛上，孑然一身，我的生活就没有什么罪恶和道德，我在那里既不能表现道德，也不能表现罪恶。”整个人类社会的一切变化包括思想行为的变化都源于人们现实生活的变化，也只有通过生活实践才能使人们的思想行为得到合理的改造。用马克思主义的生活理论审视网络思想政治教育，我们认为，网络思想政治教育内容来源于教育对象的网络生活，只有将网络想政治教育的内容信息多渠道、多层次、多形式地融入教育对象的网络生活，实现网络思想政治教育生活化，才能实现网络思想政治教育的目的。

（二）生活世界理论

在 20 世纪的哲学王国中，不是某个哲学家零散地、偶尔地将目光投向了生活世界领域，而是许多哲学家或哲学流派不约而同地从不同视角将注意力聚集到生活世界上，提出了关于生活世界的构想和批判理论。“生活世界”的概念最早是由德国哲学家胡塞尔在《欧洲科学危机和超验现象学》一书中提出的，“生活世界”是与“科学世界”相对应的，提出“生活世界”的目的在于提醒人们不可忘记“实践的周围世界”“日常生活世界”“经验直观的世界”。胡塞尔认为，当时欧洲人性危机产生的根源在于过分着迷于实证主义的科学理论。实证主义就是认为科学只是对“实证的事实”即经验事实的描写与记录，不反映事物的本质与客观规律，超乎感觉经验之外的事物的本质，是不可能被认识的，也没有必要去认识它。在胡塞尔看来，只有回到被近代自然科学所掩盖的那个“生活世界”，才能使欧洲文化在真正的哲学精神中重生。随后，维特根斯坦、舒茨、哈贝马斯等都从不同的视角提出了自己的生活世界理论，形成了现代哲学向生活世界的转向。其中，维特根斯坦提出了一个与胡塞尔的“生活世界”基本相同的范畴——“生活形式”(指现实生活)。他的语言哲学把一切问题归到语言层面，他认为，语言真正的意义就呈

---

① 毛泽东选集：第 1 卷[M]. 北京：人民出版社，1991：286-287.

现于丰富多彩的生活形式之中，使用一种语言就是采用一种生活形式。维特根斯坦主张通过人或人的生活找寻知识、真理、语言、对象和世界的意义。美国社会学家、哲学家、现象学、社会学的创始人舒茨认为，知识和社会现实都是人类自身通过“主体之间”的经验构成的，因而社会学必须研究作为人们社会生活原型的日常生活世界及其日常生活意识。舒茨强调，要解决主体间性问题，即解决主体对其他主体的经验和沟通理解问题，必须回到作为给定的常识世界和经验世界的日常生活领域。法兰克福学派的哈贝马斯对于生活世界理论在一定程度上做了综合化和进一步完善的工作，是生活世界理论的集大成者。例如，他继承了胡塞尔强调生活世界作为意义结构的做法，但是超越了胡塞尔的意识哲学和认识论的科学批判立场，进入社会哲学或社会批判的视野；他同海德格尔和列斐伏尔等一样，关注现代性的理性启蒙条件下人的生存境遇，但是他更多分析的是现代的交往行动，而不是主体的生存体验；他与舒茨等一样注重从社会哲学和文化哲学的层面分析生活世界的意义结构、类型特征和内在结构，但是他没有完全停留在对前市场经济条件下自在的、非反思的、给定的日常生活世界的结构分析，而是把生活世界作为现代社会的一个重要的深层结构和基础来加以社会批判理论的思考。在哈贝马斯那里，生活世界理论是交往行动理论的重要组成部分和补充。他认为，由文化、社会和个性构成的生活世界是交往行动者始终在其中运动的视野、境域或背景，是主体间交往的意义世界和文化世界。文化、社会和个人作为生活世界的结构因素与文化再生产、社会统一和社会化的这些过程相适应。这就是说，通过文化传统的反思实现文化再生产，通过对规范和法律的反思实现社会统一，通过个人同一性和自我实现来完成社会化。以规范的普适主义为理论基础，认为个人与社会统一于生活世界，行动的目标在于趋同性。虽然上述哲学家对生活世界的理解各不相同，但其精神实质却是一致的：一方面，他们从不同角度揭示出科学主义的泛滥，给人类社会带来的种种危害；另一方面，他们又提出要挣脱科学主义、实证主义的藩篱，解决人类社会的生存危机、意义危机等，就必须回归人类的生活世界。

生活世界是西方哲人作为哲学概念提出来的，本身是一个分析性的概念，并不包括社会现实的具体内容。因此，我们应以马克思主义的生活观为指导，批判地借鉴生活世界理论。一是要确立网络生活在网络思想政治教育中的本体地位。回归生活世界，是众多西方哲学家在论及生活世界时的最终选择。网络思想政治教育作为一种网络实践活动，属于网络生活的一部分，两者之间具有不可分割的本体性联系。二是要树立“以人为本”的意识。生活世界理论本身蕴含着“以人为本”的价值取向。在网络思想政治教育中引入“生活世界”的概念，本身应包含对教育对象主体地位的认可和价值的尊重。

三、网络思想政治教育的过程论及其指导价值

网络思想政治教育是一个过程，在这个过程中，既要遵循人的思想政治品德形成过程规律，又要遵循网络传播规律，因此，人的思想品德形成过程理论和网络传播理论是实现网络政治教育的重要理论支撑。

（一）人的思想政治品德形成过程理论

关于思想政治品德形成过程理论，当前学界一般认可人的思想政治品德形成过程为“知”“情”“信”“意”“行”。其中，知，即思想政治品德认知，是指人们对一定社会思想政治道德关系及其理论、规范的理解和看法；情，即思想政治品德情感，是指人们对事物的爱憎、好恶的态度；信，即思想政治品德信念，是指人们对一定社会的思想政治品德原则、规范的内心信仰；意，即思想政治品德意志，是指人们为了达到某种目的而产生的主观能动性；行，即思想政治品德行为，是指人们在一定道德认知、情感、信念、意志的支配下采取的行动。人的思想政治品德遵循由“知”“情”“信”“意”，最后到“行”的形成发展过程。将这里的“知”“行”引入马克思主义哲学中，与“认识”和“实践”的概念相对应，来理解“知”“情”“信”“意”“行”之间的关系。我们知道，根据马克思辩证唯物主义认识论的观点，实践是认识的来源、是认识发展的动力。列宁曾提出“生活、实践的观点，应该是认识论的首要的和基本的观点”[①]的论断。他还指出：“从生动的直观到抽象的思维，并从抽象的思维到实践，这就是认识真理、认识客观实在的辩证途径。”[②]就认识与实践的问题，毛泽东在《实践论》中指出：“如果要直接地认识某种或某些事物，便只有亲身参加于变革现实、变革某种或某些事物的实践的斗争中，才能触到那种或那些事物的现象，也只有在亲身参加变革现实的实践的斗争中，才能暴露那种或那些事物的本质而理解它们。”[③]他强调“一切真知都是从直接经验发源的”[④]。我国著名教育家陶行知针对王阳明提出的“知是行之始；行是知之成”

① 列宁选集：第 2 卷[M]. 北京：人民出版社，2012：103.

② 列宁全集：第 55 卷[M]. 北京：人民出版社，2017：142.

③ 毛泽东选集：第 1 卷[M]. 北京：人民出版社，1991：287.

④ 毛泽东选集：第 1 卷[M]. 北京：人民出版社，1991：288.

的观点进行了批驳，提出了“行是知之始；知是行之成”的论断。他采用举例的方法，提出无论是小孩子认知冷热、甜苦、硬软，还是科学发明，都是“行是知之始；知是行之成”的结论，并引用《墨辩》中提出的三种知识“亲知、闻知、说知”，进一步说明闻知、说知必须安根在亲知，即“行”里面方能发生效力。陶行知对此还有过一个精辟的比喻，即接知如接枝。综上所述，我们可以得出这样的结论，实践是认识的基础，是认识发展的源泉，“行”是“知”的前提；人的思想政治品德形成过程是从“行”到“知”“情”“信”“意”的过程，“知”“情”“信”“意”均以“行”为前提。

从以上思想政治品德形成过程理论的阐述，我们可以得到如下启示：在网络思想政治教育中，应遵循教育对象的思想政治品德形成过程规律，针对不同的受教育者，思想政治教育可以有不同的开端。如针对生活经验丰富的受教育者应更多地从“知”开始；针对缺乏生活经历的未成年人受教育者应更多地从“行”开始。注重以多样化的网络生活实践引导他们陶冶情操、坚定信念、磨炼意志，促进他们思想政治品德行为、认知、情感、信念和意志等要素获得均衡发展。

（二）网络传播理论

网络传播已成为现代信息传播一种基本的、重要的传播形式。从某种程度来看，网络思想政治教育的过程可认为是一种网络信息的传播过程，网络传播的发展对网络思想政治教育产生直接的影响。网络传播理论则为网络思想政治教育提供了有力的理论支持。

1.“把关人”理论

“把关人”理论最早是由美国社会心理学家库尔特·劳因在其1947年发表的《群体生活中的渠道》一书中提出的。“把关人”(gatekeeper)又译作“守门人”，劳因认为群体传播中存在一些“把关人”，只有符合群体规范或“把关人”价值标准的信息内容才能进入传播的渠道。1950年，传播学者怀特将这个概念引入新闻研究领域。怀特指出，大众传媒的新闻报道不是也不可能是“有闻必录”，而是一个取舍选择的过程。在这个过程中，媒介组织形成了一道“关口”，通过这个关口传达到受众那里的新闻只是众多新闻素材中的少数。进入网络时代，网络增加了承担“把关人”任务的难度：一是，由于网络的虚拟性带来网络主体的隐匿性，很难确认传播者的真实身份，这样就难以防范传播者的行为；二是，由于网络的高度开放性，使得网络上的信息可以任意流动，让人难以完全对网上浩如烟海的信息进行时时监控和筛选。人们可以自由在网络平台上发布信息，也可以想方设法绕开各种阻碍，找到自己需要的信息，因此，与传统大众媒体“把关人”相比，网络媒体“把关人”的角色在淡化。那么，网络媒体“把关人”是否还有存在的必要呢?结论是肯定的。尽管在互联网时代人们可以自由发布信息，但最终仍需要借助某一平台，这就为网络媒体“把关人”进行把关提供了条件，而且从现实来看，如果受众不想被网络信息海洋所淹没，就会希望用最简单的方式获得最有价值的信息。可见，网络媒体“把关人”不仅有存在的条件，而且有存在的必要，在一定程度上发挥着传统意义上的“把关人”的作用。学者马龙则从宏观和微观两个层面提出了网络“把关”的问题，其中微观层面把关是指各个网站对各自站点内容的“把关”，宏观层面把关是指政府及相关部门对整个网络传播环境的“把关”。

“把关人”理论告诉我们，党和政府有关部门、网络运营商、网络思想政治教育者都应该担当网络“把关人”的重要角色，应切实负起各自的责任：一是党和政府有关部门要做好网络宏观环境的“把关人”。网络宏观环境的好坏，对网民的思想行为影响极大。应通过网络法律法规建设、网络道德建设、相关政策引导等措施，切实改善网络思想政治教育的宏观环境。二是网络运营商应做好各类网站的“把关人”。通过技术手段对网站进行监督，抵制不良网站，扶植、推荐思想政治教育的优秀网站。三是网络思想政治教育者要做好网络思想政治教育内容的“把关人”。应加强网络思想政治教育内容体系及其方法体系建设，以积极健康的内容和灵活便捷的方法引领网民的网络生活；同时，对网络中出现的问题及早发现、及时引导，将其负面效应降到最低。

2.“议程设置”理论

“议程设置”理论最早可追溯到1922年美国新闻工作者和社会评论家沃特·李普曼所著的《舆论学》一书。其在该书中指出，新闻媒介影响“我们头脑中的图像”，这是“议程设置”理论的雏形。到1972年，美国传播学家M. E. 麦库姆斯和D. L. 肖在《舆论季刊》上发表的《大众传播的议程设置功能》一文中明确提出了“议程设置”理论。其主要观点是：大众媒介具有一种公众设置“议事日程”的功能，传媒的新闻报道和信息传达活动以赋予各种“议题”不同程度的显著性的方式，影响着人们对周围世界的大事及其重要性的判断。他们认为，议程设置是一个过程，它既能影响人们思考问题，也能影响人们怎么想。这就意味着，“议程设置”理论所考察的不是某家媒介的某次报道产生的短期效果，而是作为整体的大众传播在较长时间跨度的一系列报道后产生的中长期的、综合的、宏观的效果；传播媒介对外部世界的报道不是镜子式的反映，而是一种有目的的选择活动。一般来说，传统媒介在“议程设置”过程中往往受到政治、经济和意识形态的影响，带有权力的色彩。而在网络传播中，大众传播与人际传播相互交织，人们享有极大的选择权和主动权，可以根据自己的需要从网中“拉”出信息。“议程设置”过程受社会权力等方面的影响减弱，但信息发布者也可轻易地通过提高对某些事件的报道频率与强度，从而达到“议程设置”的目的。

网络思想政治教育实质上也是一种“议程设置”。只不过这种“议程设置”的目的并不是控制教育对象的思想，而是为了启发他们的思维，从而达到思想政治教育的目的。我们从中可以得到以下启示：一是要注意网络思想政治教育内容（主题）的长期性。网络思想政治教育与“议程设置”一样是一个过程，需要经过一段时间的努力后才能取得综合宏观的效果。这需要网络思想政治教育者持之以恒地围绕既定主题开展网络思想政治教育。二是要注意网络思想政治教育方法的针对性。美国学者芬克豪泽提出，在“议程设置”中，媒介会顺应事件的流程；会对重要而罕见的事件过度报道；会对总体上不具有价值的事件选择报道其有新闻价值的部分；会按有新闻价值事件的报道方式来描述无新闻价值的事件。很明显，网络思想政治教育在与教育对象网络生活结合的过程中，可能存在结合不紧密或教育价值不大的情况，这就需要网络思想政治教育者充分发掘其内在的联系和教育价值，引发教育对象的共鸣。

第三节　高校思想政治教育网络教学模式构建的机制

提高高校网络思想政治教育的实效性，应着眼于建立长效机制。高校网络思想政治教育的法制建设、安全机制和评估机制是长效机制建设的重要组成部分。网络的自由性、开放性、虚拟性和平等性，使大学生的价值观念更趋于个性化、多样化，在法治意识薄弱和道德评价失范的条件下，易导致大学生选择迷茫和价值取向混乱。这就需要由法律规范和社会道德来调整网络中人与人之间的关系以维护正常的网络秩序。因此，加强网络法制建设，规范网络管理和大学生网络行为，健全规章制度，已成为网络思想政治教育和管理的一个重点。而网络安全机制建设，则是校园网络健康运行的重要保障。评估机制的建立和完善，也是促使高校网络思想政治教育规范化，不断提高思想政治教育水平的有力措施。

一、高校网络思想政治教育的法制保障

互联网带给人们的是其开放性、兼容性、快捷性与跨国性的信息传播，人们因此而受益颇多。互联网的日益广泛应用和快速发展，对于加快我国国民经济、科学技术的发展和社会服务信息化进程具有越来越重要的作用。同时，在互联网上发布、传播不良信息的问题日渐突出，利用互联网实施的违法犯罪活动也时有发生。因此，加强网络法制建设，依法促进互联网的健康发展，对于保障网络安全和信息安全，维护国家安全和社会公共利益，保护公民、法人和其他组织的合法权益，具有重要意义。随着互联网普及和发展，我国从 20 世纪 90 年代至今，出台了一批专门针对信息网络方面的法律、法规及行政规章，初步确立了符合国际惯例的网络法制框架。网络法制建设为高校网络思想政治教育提供了有力的保障。

（一）网络思想政治教育法制建设的现状与发展

自 1994 年以来，国家陆续颁布实施了一系列有关计算机及国际互联网络的法律法规、部门规章或条例，内容涵盖国际互联网管理信息安全、国际信道、域名注册、密码管理等多个方面。2000 年 9 月，国务院发布《中华人民共和国电信条例》（于 2014 年、2016 年两次修订）与《互联网信息服务管理办法》（于 2011 年修订）。同年 12 月，第九届全国人民代表大会常务委员会第十九次会议通过了《全国人民代表大会常务委员会关于维护互联网安全的决定》（于 2009 年修正），它标志着规范互联网的法律初露端倪，是我国在网络法制方面的重要一步。同时，在 2021 年，国家又通过《中华人民共和国刑法》《中华人民共和国著作权法》《中华人民共和国合同法》等法律法规的修订以及最高人民法院出台的司法解释，进一步完善了我国的网络法制工作。

经过多年的努力，我国已初步建立起中国特色社会主义网络法律法规体系，这是高校网络思想政治教育法制建设的基础。目前，涉及高校网络思想政治教育的有以下法律、规章。在网络运营秩序方面主要有：①1996 年国务院发布的《中华人民共和国计算机信息网络国际联网管理暂行规定》（1997 年修正）及 1998 年国务院发布的《中华人民共和国计算机信息网络国际联网管理暂行规定实施办法》；②1996 年邮电部发布的《中国公用计算机互联网国际联网管理办法》；③1997 年国务院信息化领导小组发布的《中国互联网络域名注册暂行管理办法》；④1997 年邮电部发布的《中国互联网络域名注册实施细则》；⑤2000 年中国互联

网络信息中心发布的《中国互联网络域名注册申请程序》；⑥2000 年国务院发布的《中华人民共和国电信条例》(于 2014 年、2016 年两次修订)。其中，《中华人民共和国计算机信息网络国际联网管理暂行规定》主要是明确了对计算机信息网络国际联网管理的原则使用范围和管理对象，明确了国际出入口信道提供单位，互联单位接入单位和用户的权利、义务与责任，对接入单位从事经营活动的条件即许可证的申领作出了明确的规定，对互联单位、接入单位用户违反有关法规作出了明确的处罚规定。

在网络安全保护方面主要有：①2000 年第九届全国人民代表大会常务委员会第十九次会议通过的《全国人民代表大会常务委员会关于维护互联网安全的决定》(于 2019 年修正)；②1994 年国务院发布的《中华人民共和国计算机信息系统安全保护条例》(于 2011 年修订)；③1997 年公安部发布的《计算机信息网络国际联网安全保护管理办法》(于 2011 年修订)；④1997 年《中华人民共和国刑法》第 285 条、第 286 条规定了非法侵入计算机信息系统罪与破坏计算机信息系统罪；⑤2016 年 11 月 7 日，第十二届全国人民代表大会常务委员会第二十四次会议通过的《中华人民共和国网络安全法》等。其中，《全国人民代表大会常务委员会关于维护互联网安全的决定》主要针对利用互联网犯罪的实际情况，从维护国家安全和社会稳定，保障网络安全，维护社会主义市场经济秩序和社会管理秩序，保护公民、法人和其他组织的合法权益四个方面，列明具体行为，明确规定“构成犯罪的，依照刑法有关规定追究刑事责任”。同时，还明确规定：“利用互联网实施违法行为，违反社会治安管理，尚不构成犯罪的，由公安机关依照《治安管理处罚条例》予以处罚；违反其他法律、行政法规，尚不构成犯罪的，由有关行政管理部门依法给予行政处罚；对直接负责的主管人员和其他直接责任人员。依法给予行政处分或者纪律处分。”

在网络信息管理方面主要有：①2000 年国务院公布的《互联网信息服务管理办法》(于 2011 年修订)；②2016 年 2 月国家新闻出版广电总局、工业和信息化部公布的《网络出版服务管理规定》；③2016 年 6 月国家新闻出版广电总局公布的《专网及定向传播视听节目服务管理规定》(于 2021 年修订)；④2017 年 5 月国家互联网信息办公室公布的《互联网新闻信息服务管理规定》等。其中，《互联网信息服务管理办法》规定了互联网信息服务分为经营性和非经营性两类，国家对经营性互联网信息服务实行许可制度；对非经营性互联网信息服务实行备案制度；非经营性互联网信息服务提供者不得从事有偿服务。规定从事新闻、出版、教育、医疗保健、药品和医疗器械等互联网信息服务，依照法律、行政法规以及国家有关规定须经有关主管部门审核同意的，在申请经营许可或者履行备案手续前，应当依法经有关主管部门审核同意。从事新闻、出版以及电子公告等服务项目的互联网信息服务提供者，应当记录提供的信息内容及其发布时间、互联网地址或者域名；互联网接入服务提供者应当记录上网用户的上网时间、用户账号、互联网地址或者域名、主叫电话号码等信息。

随着信息技术的迅速发展，为适应互联网对大学生的学习、生活乃至思想观念产生深刻影响的现实需要，教育部出台了一系列针对校园网络文化建设的指导性文件和规章。2000 年 9 月，教育部发布了《关于加强高等学校思想政治教育进网络工作的若干意见》，对思想政治教育进网络提出了加强领导、占领阵地、健全管理、建立队伍等方面的要求。2001 年 11 月，教育部专门制定了《高等学校计算机网络电子公告服务管理规定》，要求开展电子公告服务的高校，应当结合思想政治教育进网络工作，建立健全领导机构，加强行业自律，促进校园 BBS 的健康发展。2004 年 12 月，为贯彻落实《中共中央　国务院关于进一步加强和改进高校网络思想政治教育的意见》的精神，按照《中共中央办公厅　国务院办公厅关于进一步加强互联网管理工作的意见》要求，教育部和团中央发布了《关于进一步加强高等学校校园网络管理工作的意见》，明确提出了三方面要求：一是主动占领网络新阵地，牢牢把握网络思想政治教育主动权；二是综合运用技术、行政和法律手段，全面加强高校校园网络管理；三是切实加强领导，建立健全高校校园网络管理长效工作机制。

随着网络技术发展的日新月异以及网络应用的日益普及，对网络法制建设的要求越来越高。网络法制建设需要不断适应网络的发展。网络思想政治教育的法制建设既要适应法制建设自身的要求，也要尊重思想政治教育的工作规律。由此，在网络法制建设中应重点处理好以下若干关系。

第一，弘扬主旋律与尊重个性化发展空间之间的关系。网络思想政治教育必须体现为社会主义现代化事业服务的宗旨，坚定不移地弘扬社会主义主旋律，各个网络信息服务单位及其用户社区都应成为积极传播社会主义核心价值观的流动窗口，这是我国出台网络信息服务管理规定的根本目的所在。但是，互联网络的传播特性容易为各种不法分子和敌对势力所利用。对于发展中国家来说，使用网络更多的是接收信息，“信息霸权”对于发展中国家保护和发展民族文化形成冲击。这对于在网络上弘扬社会主义主旋律形成严峻挑战。同时，在网络空间中，网络的个性化发展是网络内容丰富多彩的有机组成部分，自由和个性的张扬往往被网民所推崇。这就要求我们在法律调控的同时要预设一定的个性化发展空间，以供网络信息服务单位和网民得以在法律规定的框架内从事创造性的行为和活动，不断丰富和活跃网络文化的内容。

第二，法律约束与道德自律之间的关系。在开展网络思想政治教育过程中，对于网络信息服务的监管，我们可以借鉴一些信息发达国家的有益经验，采取两条腿走路的方式。既要强调政府主动介入，建立一套快速反应的行政执法与司法处置的监管体系，更要着力培植网络信息服务的行业监管与虚拟社区的自律督管的民间管理模式。一方面，法律以国家强制力为后盾对社会关系的调整是十分有力的，但法律绝非万能，法律的制定并非使道德失去意义。网络管理离不开道德的规范作用，在理论上，诸多事实表明以德治网可以弥补依法治网的不足；在实践上，网络文明工程的建设正方兴未艾，网络伦理的独立地位得到了理论与实践的双重肯定。另一方面，法律作为道德的后盾与保障，以其明确性、可操作性、稳定性、强制执行性等特点，来弥补网络伦理规范之不足，通过追究不道德的违法犯罪当事人的民事、行政、刑事责任发挥着重要的社会功能。如何协调好这两者之间的关系，使网络信息服务的监管真正做到有张有弛、宽严结合、政府自主、网民自觉的有机结合，是网络思想政治教育法制建设要处理好的一个重要问题。

第三，发展与管理之间的关系。在网络发展和管理这对矛盾中，发展始终是矛盾的主导方面，要给发展留有足够的空间。中央提出的“积极发展，加强管理，趋利避害，为我所用”的16字互联网工作指导原则，已经辩证地说明了发展与管理的关系。这就要求在网络思想政治教育法制建设过程中兼顾全局，着眼长远，注重网络发展的可持续性。所以，以发展的眼光而不是墨守成规地看待网络中的一些现象，强调任何局部网络的利益和发展机会不应以损害其他局部为代价，使网络法律的主体逐渐从“作为个体的人”扩大为“作为整体的类”，是十分重要的。网络将不仅作为即时性的工具，而且更应作为人类社会历时性的生活理念而存在，因而必将对整个人类社会的发展产生深远的影响。所以，网络法律的制定，在加强网络管理的同时，要着眼于网络的发展，应该包含融合了文化传统、时代精神与未来理想的历史尺度，将网络和人自身的“可持续发展”视为法律关怀的直接目标。

第四，可操作性和原则性之间的关系。法律制定的本身并非目的，其直接的目的是法律的实施。这就要求在网络思想政治教育的法制建设过程中坚持原则性和可操作性的统一。没有原则性的法律也就不能称其为法律，没有可操作性的法律也是一纸空文，注重理论完美及奖惩力度的规范和法律也不足以维持网络秩序。因此，要十分重视网络法律实施的可操作性建设。应从维护网络信息正常流通和合理使用，维护信息所有者、用户的正当权益出发，制定出便于网络管理、便于当事人起诉、便于司法机关管辖、便于公检法机关协同办案的科学的实施条例，使网络法真正成为新时代生产力的保护者。与此同时，为了加强执法力度，网络技术专家和司法专家，信息产业界和法律界应建立合作关系，以探讨有效控制网络有害信息和网络犯罪的法律标准和技术标准。

（二）进一步完善网络思想政治教育的法律规范

要想深入开展网络思想政治教育工作，就必须建立和完善法律规范，用法律来保证网络的基本秩序，形成网络思想政治教育的法律保障机制，促进网络思想政治教育的健康有序发展。

1. 建立网络思想政治教育的法律保障

目前，世界上许多国家都已把互联网立法提到重要的议事日程。最早进行计算机立法的国家是美国。美国的法律中与互联网相关的法律有《个人隐私法》《伪造访问设备和计算机欺骗与滥用法》《电子通信隐私法》《计算机安全法》《国家信息安全法案》《通信净化法》《互联网隐私权保护法》等，内容涉及保护国家安全、言论自由、知识产权、个人隐私、电子商务，打击网上诽谤、信息破坏活动等方面。法国、英国、日本、新加坡等国家都先后对计算机网络进行了立法。

我国虽然已制定了一系列关于互联网背景下网络安全、信息安全的法律法规和相关规范性文件，如《中华人民共和国网络安全法》《中华人民共和国计算机信息网络国际联网管理暂行规定》《全国人民代表大会常务委员会关于维护互联网安全的决定》《互联网信息服务管理办法》《互联网电子公告服务管理规定》《国务院关于大力推进信息化发展和切实保障信息安全的若干意见》等。但就网络法制建设总体水平来看，基本上还处于立法的初级阶段，与我国网络使用人群居世界首位的现实不相适应。因此，为适应网络发展，建立强有力的法律保障体系，进一步规范网络管理秩序，迫切需要加紧网络法制建设。首先，在立法时间上，要坚持适时性。即当某种事实发生或社会关系的出现，需要法律规范调整时，在一个合理的时间区内，要依据客观环境和现实的要求，及时制定和颁布实施相关的法律法规。其次，在立法过程中，要注意整体协调性。一方面，针对网络侵权、犯罪

的立法，要相对完整、系统、全面、自成体系；另一方面，针对网络的立法，要与原有的法律、法规相协调、相补充，健全我国的法律体系。再次，在制定法律法规时，要注意针对性、准确性。网络技术体现了高科技的发展水平，具有很强的专业技术性。针对网络的立法，要具体明确某一法律规范调整某一类社会关系，力求避免似是而非、含混不清、难以实施的情况。因此，有关网络立法，应有法律专家和网络技术专家的共同介入。最后，网络立法要注意与国际通行规则相衔接、相一致。各国针对网络侵权与犯罪，都制定了相应的法律法规，这类立法本身就有可借鉴之处，我们在立法时更要力求与国际接轨，以便在世界范围内打击网络侵权犯罪、保护当事人权益方面处于主动的地位。

2. 加强网络思想政治教育法律规范建设

尽管我国网络法制建设已经取得了很大的进展，在某些特定领域的立法也有了新的突破，但随着网络的普及和发展，网络法律规范建设仍然有待加强和完善。一是加强网络法制建设的基础研究和人才队伍建设。包括开展重大的信息化法制建设问题专题研究，为网络立法提供理论支撑；培养一批既具备法律研究素质，又掌握信息技术知识的法学研究专门人才。二是完善网络立法布局，充分发挥法律的调节功能。

就促进网络思想政治教育健康发展来说，我国网络法制建设应重视互联网内容的净化并制定相应法律。互联网的发展为我国意识形态领域的工作带来了新的挑战。互联网内容的监督属于意识形态工作，是内容安全问题，虽属大信息安全的范畴，但与网络安全、系统安全和数据安全有本质区别。内容安全主要是指信息内容是否符合社会的价值标准，是否有悖于公共道德，是否会对社会造成负面影响。而网络安全与系统安全是指网络与信息系统是否能够正常发挥功能，数据安全是指存储在网络和系统中的数据是否被人非法获取、删改或丢失。保障网络安全、系统安全和数据安全的主要措施是反攻击、防病毒、防止非法进入，建立容灾和备份体系。而保障内容安全的主要措施是发现和判断，特别是对网络信息内容做出判断，需要专门机构和人员，需要具有法律效力的法定程序等。因此，不能把内容安全与其他信息安全混为一谈，信息内容安全与信息网络安全应当分别制定相应的法律规范。

（三）用法律保护大学生的健康网络空间

大学生的健康网络空间，可以用法律规范的手段和机制来保护，主要涉及建立防治网络有害信息的法制环境，建立信息网络安全法律体系等方面。

1. 建立防治网络有害信息的法制环境

何为有害信息，法律已有明确规定。《高等学校计算机网络电子公告服务管理规定》第十三条规定的网上有害信息主要涉及九个方面的内容：①违反宪法所确定的基本原则的；②危害国家安全，泄露国家秘密，颠覆国家政权，破坏国家统一的；③损害国家荣誉和利益的；④煽动民族仇恨、民族歧视，破坏民族团结的；⑤破坏国家宗教政策，宣扬邪教和封建迷信的；⑥散布谣言，扰乱社会秩序，破坏社会稳定的；⑦散布淫秽、色情、赌博、暴力、凶杀、恐怖或者教唆犯罪的；⑧侮辱或者诽谤他人，侵害他人合法权益的；⑨含有法律、行政法规禁止的其他内容的。这其中一类主要是侵害公民私权利的有害信息，可以通过诉讼、调解等权利救济途径解决；另一类是破坏公权力的有害信息，危害极大，必须依法严厉打击。要加大网络管理力量，依法治网，坚决清除网络有害信息，尽量为大学生提供一个良好的网络空间。有害信息在网络中要经过制作、发布、传输、接收等几个环节，因此，可以在这几个环节中依法治理。首先，采用技术措施进行过滤、分级，并依法确定该技术措施的合法性，必要时可规定该技术措施的强制运用。其次，依法明确网络内容提供商、网络接入服务商和其他网络经营者的权利、义务及责任。最后，要明确专门机构管理，并协同相关组织综合治理，有效防治有害信息。

2. 建立信息网络安全法律体系

随着我国信息化的发展，信息网络在经济和社会发展中的地位和作用越来越重要，网络一旦瘫痪、数据一旦丢失，将给社会稳定和人民财产安全造成损失。可以说，加强信息网络安全工作是保障大学生健康网络空间的重要组成部分。就信息网络安全的威胁看，主要来自以下几个方面。一是病毒。病毒的种类越来越多，爆发越来越频繁，破坏性越来越大。二是黑客。黑客攻击的工具越来越多，黑客攻击的本领越来越高，对系统的威胁越来越大。三是网络与系统瘫痪。病毒攻击或者其他原因，都会造成网络与系统的瘫痪。四是数据失窃或失密。随着电子政务建设的推进，大量重要信息以数据库形式存储于计算机系统和网络之中，也加大了国家重要信息情报失窃的风险。

安全问题是发展信息网络的关键。但从整体上看，我国有关信息网络安全的法律尚处于起步阶段，还没有形成一个具有完整性、适用性和针对性的法律体系。有鉴于此，今后我们应当通过建立与完善信息网络安全法律体系，为青年大学生创造良好的网络空间。

二、高校网络思想政治教育的协调机制

协调是指为实现系统总体发展目标，各子系统或各元素之间相互协作、相互配合、相互促进而形成的一种良性循环态势。高校网络思想政治教育的协调包含这样三层含义：一是在教育方式上，建立网前教育、网上教育和网后教育的全过程教育体系：二是在教育内容上，坚持系统性和发展性的原则；三是在管理体制上，构建齐抓共管的组织领导机制。

（一）建立“网前、网上、网后”全过程教育体系

在保持和发挥好网络思想政治教育的优势的同时，必须注意做好大学生的“网前教育”与“网后教育”，使“网前、网上、网后”教育优势互补，相互配合，从而构筑起“网前、网上、网后”联动、全时关注、全程覆盖的教育体系。只有这样才能充分发挥大学生思想政治教育的整体效力。

网前教育，就是在新生入学后对他们进行一次计算机使用规范的教育。其目的是要使大学生懂得使用计算机网络的规范。对大学生进行网前教育，最主要的是引导他们树立正确的网络观。让他们懂得网络的本质究竟是什么；网络究竟能给人类社会带来什么；如何正确利用网络、使用网络资源；怎样看待网络发展过程中出现的种种弊端；网络上的信息无所不包，正确的，错误的，健康的，不健康的，应有尽有，应如何辨别；怎样避免“网络综合征”。

网上教育的目的，就是要建立高校思想政治教育网站，使网络成为大学生思想政治教育的重要渠道和重要阵地。要将党的声音传到网上，通过互联网宣传党的路线、方针、政策。要为大学生释疑解惑，同网上错误思想做斗争。要在网上提供丰富多彩、生动活泼的内容，增强思想政治教育网站的吸引力。要利用“网上论坛”“电子信箱”“心理咨询”“交友”“热线服务”等形式，对大学生进行思想教育和心理咨询。

网后教育，即针对大学生因上网而产生的一系列思想问题，在大学生下网后，采用传统的面对面的思想政治教育方法（如做报告、演讲、开会、讨论、座谈、个别谈心等），对大学生晓之以理、动之以情，从而促使其提高认知和解决问题的能力，达到教育的目的。要针对部分大学生迷恋网络、容易产生心理问题的实际，开展丰富多彩、健康向上的校园科技文化活动和社会实践活动，引导大学生正确认识网络世界与现实生活的关系，从网络沉迷中走出来。要针对网上出现的重大热点、难点问题，进行有计划有目的的引导。

从网络时代高校网络思想政治教育的过程来看，大学生网前教育、网上教育与网后教育是一个统一的不可分割的整体，有其内在的必然逻辑。网前教育，告诉了大学生网上应该做什么，不应该做什么，为什么要这样做，而不能那样做；网上教育，主动加强对大学生网上的教育和引导，把政治思想问题尽量解决在网上；网后教育所要着重解决的是在经过了网前、网上教育之后，大学生仍然难以避免产生的一些政治思想问题。

（二）坚持教育内容上的系统性和发展性

网络思想政治教育内容的研究和构建是做好网络思想政治工作的基本前提，直接关系到网络思想政治教育目标的实现，影响网络思想政治教育的实效。构建高校网络思想政治教育内容，在思想导向上，要牢牢把握一个问题，就是必须坚持马克思主义对网络思想政治教育的指导地位。网络思想政治教育阵地，马克思主义不去占领，就会被各种非马克思主义甚至反马克思主义、反社会主义的思想占领。构建高校网络思想政治教育内容，要遵循系统性原则。在确定网络思想政治教育内容时，一方面，要从高校网络思想政治教育这个大系统出发，考虑网络思想政治教育内容在这个大系统中的地位以及与其他部分的内在关联；另一方面，要从网络思想政治教育内容本身的系统出发，按照社会发展和大学生的实际需要，有选择、有重点地确定教育内容。并且要坚持发展性原则，根据形势发展的需要和理论建设的最新成果，及时更新、增加网络思想政治教育的内容。当前高校网络思想政治教育的主要内容应包括世界观、人生观和价值观教育内容。世界观、人生观和价值观教育要以理想信念教育为核心。要坚持不懈地用马克思列宁主义、毛泽东思想、邓小平理论、“三个代表”重要思想、科学发展观、习近平新时代中国特色社会主义思想武装大学生，深入开展党的基本理论、基本路线、基本方略教育，开展中国革命、建设和改革开放各个时期的历史教育，开展基本国情和形势政策教育，使大学生正确认识社会发展规律，认识国家的前途命运，认识自己的社会责任，确立在中国共产党领导下走中国特色社会主义道路、实现中华民族伟大复兴的共同理想和坚定信念。

相比于传统思想政治教育的内容，网络思想政治教育的内容具有如下特点：①因多媒体技术的存在，教育内容的形态从平面走向立体化，从静态变为动态，从现时空趋向超时空；②因网络的超信息量和信息的固有本质，教育内容变得丰富而全面，并且具有客观性和可选择性；③教育内容具有极高的文化与科技含量，其内容的政治性本质隐含在历史文化知识和现代科技信息之中。这使得社会

主义主旋律、集体主义价值观、爱国主义教育主题、共产主义道德素质的培养等政治性内容化抽象为具体，化枯燥为生动。同时，我们也应该清醒地认识到，大学生通过互联网，听到的不仅是中国的声音，而且是全球的声音；接受的不仅是中国文化，而且是世界文化。网上信息庞杂多样，既有大量进步健康、有益的信息，也有不少反动、虚假、黄色、暴力的信息。网络中的负面信息，会给正面教育带来一定冲击和阻碍，这是高校网络思想政治教育工作者应该努力攻克的难题。把科学思想和正确观念，把各种健康的信息及时准确地进行网络传播，用马克思主义和社会主义思想占领网络阵地，这是一项非常重要的任务。

（三）构建齐抓共管的组织领导机制

要建立高校内部的网络思想政治教育领导小组，形成校党委统一领导，校党委宣传部牵头，学工部、研工部、团委、保卫处、各院（系）各司其职，密切配合，广大师生广泛参与的齐抓共管的网络思想政治教育工作格局和组织保障系统。通过网络思想政治教育领导小组把各部门、各单位、各层面的人力、物力、财力和各种资源等组织起来，有效地调控网络思想政治教育的开展，以形成其特定的整体功能的网络思想政治教育系统。

我们要打造一批网络思想政治教育队伍。这支队伍的构成应该是多层面的：既有专家教授，又有校院领导；既有青年教师，又有学生骨干；既有职能部门负责人，又有学生工作辅导员。只有形成这样的网络思想政治教育工作体系，才能牢牢把握网络思想政治教育的主动权。为此，要加强对现有思想政治教育队伍的网络技术培训，推动各项工作向网络空间延伸。通过培训，使现有思想政治教育队伍善于运用互联网快速地获取信息，能够准确地评价信息，主动参与信息的创建，利用信息丰富学校思想政治教育工作的内容。

要建设一支专职的网络辅导员队伍。从专职学生工作辅导员队伍中选拔一批年纪较轻、能力较强并且有较好的网络知识和技术的教师充实学校网络辅导员队伍，并创造一定的条件吸引有从事这些工作兴趣和能力的业务教师加入到网络辅导员队伍中来。这支队伍应成为网络信息监督、信息汇总、网上师生交流、正面舆论引导等方面的骨干。

此外，要建立一支由各院系学生骨干组成的兼职队伍。他们需要具备以下素质：思想素质好，政治觉悟高，知识覆盖面广，熟悉网络，了解学生们的需要。他们在专职教师的指导和带领下，承担网络信息的采编、更新、发布、网页制作、网络维护等工作。他们以普通大学生的身份，参与网上聊天、论坛、留言簿等栏目。当网上有不良言论和错误信息时，他们可以主动地发布引导性的、正确的信息，对网络舆论起正确的引导作用。

要处理好网络思想政治教育者之间，以及教育者和被教育者之间的关系。网络思想政治教育者是网络思想政治教育活动的组织、实施与调控者，在整个网络思想政治教育活动中处于主导地位，发挥着主导性作用。这种主导性作用在网络中具体表现为其所具有的“把关”功能（发布、传播、监督网络信息）、教育功能（对教育内容的传输、对教育对象思想行为变化的引导等）、调控功能（获取思想政治教育过程中的各种反馈信息，进行分析、整理，并据以调整自己的组织行为及教育行为等）。与此同时，我们也应该认识到，互联网发展所形成的新的教育环境，使得传统思想政治教育的教师权威受到了挑战。一方面，网络的发展对教育资源进行了重新配置，使教师等不再成为稀有的资源，教师的专业权威、法定权威、感召权威逐渐减弱。另一方面，网络发展形成了大学生活动的非群体化和个性化。新的活动方式使得教育资源的分配不再是通过师生之间、生生之间面对面的群体化活动来完成，而是建立在网络基础之上的网络互动，是一种个别化的学习活动。非群体化活动对象的选择多由大学生自主完成，因而学生的主体性得以充分彰显。师生之间亦师亦友，形成了一种民主的、平等的新型教育关系。

三、高校网络思想政治教育的引导机制

现代网络的发展使思想政治教育有了很大的改变，网络信息可以集中在一起，从而形成一种网络舆情，这对于大学生的教育有很大的影响。在学校里从事思想政治教育工作的人员要多多留意大学生在网络上的动态，并且能够在网络中开展思想政治教育工作。

（一）高校网络思想政治教育引导工作方式策略的研究

1. 从实际出发，把握大学生网络思想问题

从网络思想政治教育的实际出发，按照理论联系实际的原则，以实证分析法为主，辅之以调查研究法，通过问卷、访谈、网上调查等多种途径获取足以评价大学生网络思想现状的信息，发挥网络技术和网络空间开放、兼容、自由、交互、平等、共享的优势，同时进行大量的资料汇集，在掌握丰富材料的基础上，进行反复的研讨分析。这对于高校网络思想政治教育工作方式策略研究具有创新的意义。同时，这涉及现实的高校网络思想政治教育在网络虚拟空间的表现方式。通过网络的传媒优势实现正确的导向，把网络营造成高校网络思想政治教育

的新平台，以网络的互动性来把握大学生网络思想问题。

2. 开展丰富多彩的网上教育和服务活动

注重教育引导策略的研究，开展丰富多彩的网上教育和服务活动。校园网是大学生获取信息、学习知识和交流思想的主体网络平台。要以校园网为依托，充分运用网络手段拓展思想政治教育的空间，用正确、积极、健康的思想文化占领网络阵地，寓教育于服务中，而不能简单地将传统思想政治教育的模式照搬到网上，不能死板地将传统思想政治理论课延伸到网上。要充分发挥高校思想政治教育主渠道、主阵地作用，就必须坚持思想政治理论课进网络，充分发挥网络交互性特点，丰富思想政治理论课内容，开创思想政治教育的新方式，将信息交换方式、多媒体技术等引进思想政治理论课，增强思想政治理论课及思想政治教育工作的吸引力、感染力，提高思想政治理论课的教学效果。特别是要充分发挥网络课堂的独特优势，注重现实环境和虚拟空间的有效结合，使网络思想政治教育成为大学生党建、团建和社团工作的重要手段和途径。鼓励并组织大学生参与网络文化建设的自主开发、自我管理、有效辐射，加强对高校网络思想政治教育引导策略的研究。

3. 建设高素质的高校网络思想政治教育工作队伍

进一步认真落实党中央关于加强高校网络思想政治教育工作的指示精神，主动占领网络思想政治教育的新阵地，把网络的优势化为深化大学生思想政治教育的优势。突出创新性，提高实效性，使网络成为哺育大学生茁壮成长的新空间。切实加强高校网络思想政治教育工作实效性，必须要有一批高素质高水平的管理工作人员，要有一支稳定的高素质的教育技术管理队伍，来保证校园网络、教育教学资源、教育技术环境基础设施的运行、维护与管理。这就需要思想政治教育工作者适应网络时代发展需要不断加强学习，提高自身的综合素质。互联网以其独特的方式为思想政治教育工作者提高素质创造了条件。通过网络人们可以随时随地上网学习。现代教育技术队伍是网络教学资源建设、研究、开发、应用、推广、培训、服务与管理等各项工作的中坚力量，是资源建设、技术保障的关键。学校应该配备一定数量的专业技术人员进行教育技术的研究、开发与推广工作。关注现代教育技术的发展，对教师进行技术培训，为高校网络思想政治教育工作上一个新台阶提供可靠的保证。

（二）高校网络思想政治教育引导舆论策略方法的探索

1. 以大学生为本

为大学生服务就是要坚持以大学生为网站服务的对象，以大学生为网站建设和管理队伍的主体。一方面，在网站的栏目设计和内容选择上力求贴近学生的学习、校园生活、社会交往、就业与考研、心理健康、休闲娱乐等需求，增强网络的服务功能。通过网络服务，增强思想政治教育的针对性、时效性、感染力和吸引力，将教育与服务融为一体。运用大学生乐于接受的方式、方法开展思想政治教育，为大学生成才服务。另一方面，在网站建设中突出大学生“建”、大学生“管”、大学生“用”的理念。在教师指导下，设计、开发、运行、维护各个环节全部由学生来完成，并制定规章制度和工作流程，科学管理。注重人性化服务，在解答学生网上问题时，要坚持问题解答的全面性、有效性、科学性，回复语言尽量贴近学生心理，回复问题时要结合学生生活、学习的需求及时送上鼓励和祝福的话语，将人文精神和人文关怀通过网络传递给学生。通过为学生提供满意的服务，不仅能够赢得学生对学校的满意，也能够培养起学生良好的爱校意识，形成良好的校风、学风。

2. 注意校园 BBS 讨论主题的设置

信息海量是网络媒体一个突出特征。校园 BBS 同传统新闻媒体一样具有为公众设置“议事日程”的客观需要。通过“议题设置”，可以把学生的注意力引导到特定的方向，引导学生“想什么”，从而达到引导舆论的目的。BBS 中的议题设置主要表现为设立讨论主题，围绕国际、国内、校园内外发生的和同学有关的重大新闻事件，特别是突发事件而精心设计讨论主题，是校园 BBS 的常见做法。同时，由于同学的专业、兴趣、经历各不相同，所关注的话题差异也极大，由此易造成网上舆论的多元化和分散性。校园 BBS 的舆论应及时准备论坛管理预案，选择一些诸如个人发展学术讨论等贴近现实、贴近同学生活的热点问题作为论坛的主题。用积极的话题来调动学生讨论的积极性，减少其他消极言论的影响。

3. 真诚面对网络舆论

以真诚面对取代置之不理，在行为层面以舆论引导来取代单纯删帖，在监督和管理方式的角度上提高校园 BBS 对学生的吸引力。此外，为了进一步提高校园 BBS 对学生的吸引力，不仅要完善校园 BBS 解决问题渠道的功能，还需要校方在态度层面上以真诚面对。具体反映在校园 BBS 发布和获取信息的行为上：对于反映学校的工作失误的言论，如属实要向学生解释并实施具体的行动；对于反映非学校工作失误但对学生造成影响的言论，如属实也要向学生加以说明，晓之以理，动之以情，取得同学们的信赖和支持。经过努力，高校 BBS 也能成为发现问题、解决问题的一个畅通渠道。

4. 注重针对实际，采用引导方式

要开展融思想性、知识性、趣味性、服务性于一体的网络文化活动。开设交互性、开放式的各种类型的咨询信箱，利用校园 BBS、留言板、QQ 群等工具开展在线交流，开展网上辅导、网上心理测试与咨询、网上就业指导、网上学习咨询、网上校园生活指南等工作，及时解决学生反映的实际问题，加强校内舆论引导，纠正错误信息。网络舆论最理想的处理方式是引导，应该把晓之以理与动之以情有效地结合起来，使受众不易产生类似警觉、防范等反应，而是潜移默化地去接受劝说者的引导。总之，互联网的飞速发展对社会生活的方方面面都产生了深远的影响，网络舆论越来越引起人们的关注，其对高校的影响也日益增强。高校在传统网络舆论监督和管理方式基础上，应加强高校网络舆论监督和管理的总体策略，制定切实可行的具体措施，加强对高校网络思想政治教育引导策略的研究。

四、高校网络思想政治教育的安全机制

高校出现网络安全问题，除网络自身存在安全缺陷，大学生网民缺乏网络信息安全防范意识和法律意识外，另一个非常重要的原因是对校园网络有害信息的监督和管理不够完善，网络监督和管理的措施相对滞后，出现了管理上的“盲点”。如对校园 BBS 的管理，不少学校都让学生自己管理，但却没有对这些学生进行必要的培训。对二级网站的管理也存在一些问题，如没有明确二级网站负责人的管理职责和管理权限，使得二级网站管理失控，给网络信息安全留下隐患。没有制定有害信息处理预案，管理部门职责不明确，一旦发现有害信息，就出现各部门之间互相推卸责任的现象，致使有害信息的影响面扩大。

因此，维护高校网络安全，净化网络环境，就必须加强网络安全机制建设。通过完善网络信息监督和管理、收集、网络预警，舆情分析判断、应急处置等机制，进行网上网下互动，提高网络思想政治教育的针对性、实效性、吸引力和感召力，只有这样才能掌握思想政治教育的主动权。

（一）网络信息监督和管理机制

占领网络思想政治教育主阵地，必须从网络信息监督和管理入手。第一，通过网络信息监督和管理，对流入的信息进行必要的过滤、净化，控制信息源头，防止各种不良和有害信息在网上传播和对校园网络的污染，从而创造良好的网络环境。第二，网络信息监督和管理便于把握网络动态，及时掌握学生的思想活

动、内在需要和现实要求，有利于掌握网络宣传和舆论引导工作的热点、难点、重点问题，提高工作针对性和有效性。第三，网络信息监督和管理有利于建立畅通信息渠道，解决实际问题，有效化解潜在的矛盾和隐患，使思想政治教育能从学生的思想实际出发，能从学生关心的热点和难点问题出发，选择切入点和突破口，贴近学生、贴近生活、贴近实际，从而使思想政治教育事半功倍。

1. 网络信息监督和管理的内容

网络信息监督和管理分为日常监督和管理和突发事件监督和管理。日常监督和管理是指将网络信息监督和管理作为本部门的一项日常工作不间断进行，随时掌握网络舆论的导向、特点和趋势。如高校网管和版主的工作就属于日常监督和管理的范畴。突发事件监督和管理则是针对特定的事件，对其网上舆情进行监督和管理。如网络群体性事件出现时，对其发生、发展、变化和趋势等进行监督和管理。

网络信息监督和管理的内容首先是对网上危害信息的监督和管理，重点是“黑色信息”“黄色信息”和“灰色信息”。“黑色信息”和“黄色信息”是指我国法律明确规定的有害信息；“灰色信息”是指那些需要分析判断，介于有害信息与无害信息之间的信息。对于“黑色信息”“黄色信息”要第一时间进行过滤、拦截、删除。对于“灰色信息”，能明确判断的，给予锁定或删除；对于一些倾向性不是很明显的转载、报道、讨论，给予密切关注，视情况不同做引导或删除处理，并及时向学校网络信息管理部门汇报。

其次是对网络心理异常的监测。网络心理异常可能是多方面原因造成的，如情感问题、就业压力、学业压力、人际交往压力等。一些心理异常的学生，尤其是性格有些孤僻内向、有心里话无处倾诉或不愿对别人讲压抑在心中的学生，通常借助网络的虚拟性和隐蔽性倾吐心声，寻求帮助。

最后是对突发事件与群体性事件的监督和管理。网络突发事件通常由校园事故、重大群体性骚乱等引起，通常具有极强的时间性、震撼性、社会性、负面性和不可预料性，如果处置不当必然会对高校师生和整个社会造成不良影响，甚至会引发全国性的舆论危机。加强对突发事件和群体性事件的监督和管理是学校能够及时发现危机，全面掌握危机发展态势，准确分析判断危机形势，采取及时有效应对措施的重要保障，也是化解和应对危机的重要前提。

2. 网络信息监督和管理机制的构建

第一，建立健全一系列校园网信息监督和管理制度。高校应在认真学习、严

格执行网络有关法律法规的同时，从学校的实际出发，结合教育教学特点和大学生自身特点，制定出一整套校园网管理的规章制度。如《学生宿舍网络管理条例》《校园网络 BBS 管理规则》《学生使用计算机网络违纪处分规定》等。

第二，构建网络信息监督和管理的技术防控体系。如建立和完善信息安全防护软件、硬件系统，维护信息安全与系统稳定；加强信息过滤系统，把好网络端口，通过路由器、防火墙封堵和过滤各种有害信息；完善网上信息实时管理系统，确保及时发现情况、及时处理。

第三，要建立舆情采集、报送机制。通过舆情采编、调查和分析，及时掌握网络动态，做好下情上达，为校领导或相关职能部门及时提供网络第一手信息。可由校党委宣传部负责网络舆情的日常管理与信息采集，定期对网络舆情进行分类整理，分门别类地传递到各职能部门。各职能部门在第一时间内获知和本部门有关的最新网络舆情，并对这些舆情进行分析判断，决定采用何种方式进行应对。

第四，要做好网上突发事件的防范和应急处置工作。对于网络舆情反映的热点问题，学校应坚持"早发现、早处理、早反馈"原则。加强网络预警意识，敏锐把握涉及学校管理和建设中的突发性、苗头性、群体性问题，及时进行分析和处理，并迅速将处理结果进行反馈。建立舆情"发现—通报—处置—跟踪—反馈"的应对机制。各职能部门则通过网络这面"镜子"检视自己，针对网上学生密切关注的焦点、难点、疑点问题，进行调查并及时给予答复、澄清。一旦发生网络舆情突发事件，学校立即启动"网络突发事件应急处理预案"，及时处置突发舆情。

（二）网络预警机制

借助网络的技术优势，建立起纵向和横向，内部和外部相连贯的思想动态信息反馈网络，收集、检索、分析、处理来自各方面的思想动态信息，可迅速、全面地了解和掌握大学生的思想状况及发展趋势，及时发现危机的苗头，尽早地对可能产生的现实危机的走向、规模进行科学的分析、预测和判断，通知各有关职能部门共同做好应对危机的准备。这就是一个简单的网络预警过程。

1. 网络预警定义

网络预警是指从危机事件的征兆出现到危机开始造成可感知的损失这段时间内，化解和应对危机所采取的必要、有效行动。网络预警能力的高低，主要体现在能否从海量的网络言论中敏锐地发现潜在的危机苗头，以及准确判断这种苗头与危机可能爆发之间的时间差。这个时间差越大，相关职能部门就有越充裕的时间来准备，从而为下一阶段危机的有效应对赢得宝贵的时间。

2. 网络预警工作程序

网络预警工作可分为四步。

第一步，构建信息调研网络。调研网络必须具有完整性和广泛性，不仅要有党、政、工、青、妇等组织的参与，还要有大学生自发性社团、民间协会等社会组织的合作；不仅要建立高校、院系等信息收集渠道，还应将调研延伸到班级和寝室等各方面。

第二步，全面收集信息。一是通过制定规定或协约要求所有参与调研的单位定期汇总信息，同时实现信息共享：二是在各种网络论坛、聊天室、留言板等网络互动平台上观察大学生网民的思想情绪变化，从中找出带有倾向性的问题；三是不定期在网上发放大学生网民调查问卷，从中了解大学生网民关注的热点问题。

第三步，理性分析信息。必须对收集到的第一手资料进行深入、准确、细致的分析和概括。深入就是要透过表面现象，把握本质，动态掌握。准确就是在广泛观察的同时，对不确切的信息进行辨别，克服片面性，保证科学性、公正性。细致是指工作要细致入微，点滴小事也要分析到位，避免因小失大。

第四步，及时向上级领导及有关部门反馈信息。根据反馈的信息，一是对前一段时期以来思想政治教育的效果进行检验，看是否达到了预期目的；二是为调整思想政治教育的政策和方针做重要参考；三是通过对教育对象思想发展规律性的认识，对未来发展趋势做出科学预测，及早做出正确决策，防患于未然，从而使高校网络思想政治教育更具前瞻性。

3. 网络预警的基本要求

要明确网络预警的基本要求。第一，网络预警要全面反映民意。干部群众的思想动态，不利于社会安定团结的错误思潮，专业人士关于社会进步、政治稳定、经济发展等的前瞻性意见等，都是要反映的内容。第二，网络预警要“快、准、深、精、全”。搜集信息要快，反映问题要准，分析要有深度，事例要有代表性，内容要全，既要报喜也要报忧，而且要重视反映其他渠道难以得到、不易反映的社会情况和群众意见。第三，网络预警要促进舆情调查的制度化建设。凡重大决策前，必须进行深入实地的舆情调查。决策后要跟踪调研，根据实施效果的好坏和情况的变化对决策进行完善和调整。重视舆情调研方法的现代化技术建设。第四，要充分利用信息化成果，建立多层次的舆情反映网络。第五，要正确

处理必然会出现的某些舆情失真现象。理顺舆情传递的机制与渠道，建立责任追究制度，减少舆情传递的层次。第六，要允许网络传媒充分表达群众意愿、交流社会信息、执行社会监督的功能。

（三）网络舆情分析判断和应急处置机制

网络舆情的分析判断和应急处置机制是指政府管理部门及其他相关职能机构，对网络舆情尤其是负面舆情的监测预警与控制，从而实现有效化解网络舆论危机的目的。在高校网络思想政治教育开展中，就是要求思想政治教育工作者对网络环境中出现的各种舆论动态、舆情趋势变化或苗头性信息能够及时发现、准确判断、正确决策和迅速予以解决的工作机制。

1. 网络舆情的分析判断

网络舆情的科学分析判断是掌握网络思想政治教育主动权最关键的环节，也是最难的一个环节。对网络舆情做出及时准确的分析判断，给广大思想政治教育工作者提出了很高的要求。

首先，要有很强的政治意识。政治意识解决的是站在什么位置上说话，维护谁的利益问题。分析网络舆情必须要强化政治意识，善于站在政治的高度审视网络舆情的本质。具体地说，要做到以下四点：一要有敏锐的政治洞察力，能够见微知著，把握舆情动向；二要有较高的政治鉴别力，迅速认清舆情的本质；三要有明确的政治立场，网民都是群众，网民的呼声就是群众的呼声，分析网络舆情时要充分体现网民的呼声；四要善于运用全面的、联系的、发展的、辩证的观点分析舆情，正视其发展过程中存在的矛盾关系。

其次，要了解社会上的各种思潮和各种力量较量的形势。网络舆情归根结底是社会思潮和各种社会力量较量的综合反映。网络的开放性、多元化，各种思潮在网上都有一定的空间，要坚持马克思主义的指导地位，坚持社会主义核心价值观的主流地位。

再次，要注重角度与层次性。网络舆情是多方面意见的混合体，在网上发表意见的人来自社会各个阶层，分析网络舆情要特别注意从多角度思考问题，特别是层次性。网民收入不同、文化修养不同、社会阅历不同、所处家庭环境不同，看问题的深度也很不一样，会对同一个事物发表不同的意见，有时甚至针锋相对。在分析各种观点迥异的网络舆情时，如果不注意层次性，就很难准确描述清楚。

最后，要了解掌握危机舆情的演变规律。正确研判网络舆情，了解掌握网络舆情的演变规律是先决条件。网络舆论危机具有高度不确定性、威胁性、特殊性、不可预测性和非常规性，通常由国际、国内的突发事件如自然灾害、计算机病毒、社会事件、经济事件等所引起，并迅速成为网络的舆论热点和焦点，如果加上处理不当则会加快通过网络蔓延开来，成为地方性甚至全国性的舆论危机。网络舆论的酝酿形成非常迅速，但从网络舆论到网络舆论危机的转化通常有一个酝酿、发展、演变的过程。一场网络舆论危机的形成、发展通常要经过三个阶段：第一阶段是“网络舆论的形成”。由于外界信息刺激的出现或者突发事件的发生，在网上迅速形成舆论热点。第二阶段是“网络舆论到网络舆论危机的转变”。如果网络舆论持续增大，当事人处理不当或网络舆论得不到缓解，而使舆论出现“一边倒”的情况，形成“共同的”“一致性的”负面舆论，那么将最终由一个普通的网络舆论演变成为一场网络舆论危机。第三阶段是“网络舆论危机的爆发”。即网络舆论由隐性的舆论压力转变成为真实生活中行为抗争的显性行为，甚至造成危机性事件，威胁社会稳定、阻碍社会发展。

2. 网络舆情的应急处置机制

及时有效的网络舆情研判可以为快速应对网络热点事件提供有利条件。对于网络预警所反映的热点问题，学校应高度重视，立即启动相关工作机制，积极主动地应对网络舆情。

(1)网络舆情应急处置的基本要求。首先，制定一套行之有效的“舆情发现—舆情通报—部门处置—跟踪反馈”的应对机制，使学校能及时敏锐地把握涉及学校管理和建设中的突发性、苗头性、群体性问题，通过舆情的采集与通报，使相关职能部门做到“早发现、早处理、早反馈”，针对网上师生密切关注的热点，难点问题，进行调查并及时给予答复、澄清。其次，制定网络突发舆情工作预案。针对不同类型的危机事件，制定比较详尽的判断标准和预警方案，做到有所准备，一旦危机出现便有章可循、对症下药。再次，保持信息公开和信息的权威发布。权威信息的缺失会给小道消息的传播提供契机。因此，当出现网络舆情时，要最大限度地公开信息，并通过职能部门对事件的最新发展进行权威发布。如通过新闻发言人制度，既可以向公众传递权威信息，又将信息内容归口到“新闻发言人”这一权威信息源，从而使政府部门或学校在处理网络舆情时，掌握主动，稳定人心。最后，建立有效的应急处置联动机制。遇到重大突发事件时，能够在短时间内调动和整合各种力量，形成联动，产生危机应对的合力。这对于提高处理违规网络信息的时效，及时应对突发热点能起到十分关键的作用。

(2)网络舆情应急处置的基本原则。建立网络舆情应急处置机制的同时，面对一些突发网络舆情或网络舆论危机事件，高校有关部门、网络思想政治教育工作者、网络论坛的管理者和网络舆论当事人都必须明晰处理突发舆情时的基本原则。

一是权责明确、依法处理原则。在处理网络舆论危机事件过程中，必须在坚持统一指挥的基础上，做到分工负责，责任到人。同时，必须遵循国家有关法律法规，做到有效合法地建立网络舆论危机处理的程序和步骤，形成科学的危机处理机制。

二是实事求是、勇于承担原则。面对突发事件所引发的网络舆论危机，当事部门及其成员要了解事实情况，实事求是，勇于承担自己该负的责任，不要企图逃避和推卸责任，否则不仅于事无补而且会激化矛盾。

三是控制事态、及时处理原则。及时处理是有效解决危机的关键。面对舆情突发事件，要第一时间介入，迅速进行应对，立即启动相关的突发事件处理预案，明确指导思想，确定相关部门的工作职责和必要的处理方法，通过突发事件处理领导小组进行统筹协调，控制事态进一步发展。

四是以人为本、关心弱者原则。危机事件多数情况下关系到当事双方的切身利益，很可能给弱势的一方带来巨大的经济损失和精神上的打击。面对这种情况，作为管理者应开诚布公地向公众说明事情真相，同时无论责任如何都应表现出人道主义和人文关怀，这是化解舆论危机、处理突发事件、缓解网民焦虑的有效方法之一。

第五章

高校思想政治理论课实践教学探索

实践教学是思想政治理论课教学体系不可或缺的重要组成部分，是加强和改进大学生思想政治教育，增强思想政治理论课实效性的重点、难点及着力点之一。自“05 方案”实施以来，各地因地制宜，积极探索，在思想政治理论课教材建设、教师队伍建设、教学方法改革与创新等方面取得了较为明显的成绩。但是，长期以来，思想政治理论课教学工作中存在的理论与实践结合不够紧密这一问题，仍然需要我们花费时间和精力去解决。本章主要研究思想政治理论课实践教学的内涵、形式及作用，并就高校如何因地制宜，充分有效地挖掘、利用所在地方德育资源，加强和改进思想政治理论课实践教学，提高思想政治理论课实效性做一些探讨。

第一节　思想政治理论课实践教学的内涵

一、开展实践教学是加强大学生思想政治理论教育的现实诉求

思想政治理论课作为大学生的必修课，是人文社会科学的重要组成部分，但是它与一般的人文社会科学有不同之处。首先，作为人文社会科学的组成部分，思想政治理论课具有系统性、理论性和科学性，是关于人文社会科学的知识，有培养大学生科学文化素质的作用。其次，作为体现社会主义大学本质要求的课程，它有高度的政治性、阶级性、思想性和较强的实践性。大学生接受系统的马克思主义理论教育，可以形成正确的世界观、人生观、价值观以及道德观、法治观，坚定“四个自信”，成为担当民族复兴大任的时代新人。因而思想政治理论课不仅要对大学生进行马克思主义理论教育，更重要的是使学生学会运用马克思主义的立场、观点和方法来分析问题、解决问题，实现从知识体系向信仰体系的转化。从教育心理学的角度看，要使受教育者在思想政治理论课的教学过程中“真学、真懂、真信、真用”，在学习理论知识的基础上，还需要经过相应的实践环节。理论与实践相结合，激发学生探索的兴趣，提高学习的亲和力、针对性及成就感，从而引起思想的共振，使大学生经过“知、情、信、意、行”的心理演化，形成科学的认识，培养辩证的思维方式，学以致用，才能实现思想政治理论课的教学目标。

“05 方案”实施以来，实践教学一直受到重视。中宣部、教育部指出，“要加强实践教学。高等学校思想政治理论课所有课程都要加强实践环节。要建立和完

善实践教学保障机制，探索实践育人的长效机制。围绕教学目标，制定教学大纲，规定学时，提供必要经费”①。

党的十八大以来，中宣部、教育部高度重视思想政治理论课实践教学工作，出台了一系列文件，实践育人观念得到有效加强，实践教学改革得到深化，实践教学的形式丰富多样，实践教学资源得到整合，实践教学取得明显成效。

2017 年 7 月，《教育部办公厅关于高校组织思想政治理论课主题学习实践活动的通知》(教社科厅函〔2017〕33 号)提出：“在各高校学生暑期社会实践活动中，结合思政课每门课程的教学，每门思政课必修课至少专设一支思政课主题学习实践小分队，将思政课实践教学与暑期社会实践活动结合起来。要组织思政课教师出题目、作指导，学生工作部门和辅导员具体组织实施，积极引导学生参与实践活动。……要引导广大学生从我国改革发展的实践中对思政课的理论内容、价值判断等展开深入、客观的思考，力求通过主题社会实践活动使广大学生拓宽视野、了解国情、深化认识、增长才干，并推动理论与实践结合，强化思政课教学效果。”②2017 年 9 月，《教育部关于印发〈高等学校马克思主义学院建设标准(2017 年本)〉的通知》(教社科〔2017〕1 号)指出：“制定实践教学计划，统筹思想政治理论课各门课程的实践教学，落实学时学分、教学内容、指导教师和专项经费。实践教学原则上覆盖全体在校学生，建设相对稳定的校外教学实践基地。”③2017 年 12 月，《中共教育部党组关于印发〈高校思想政治工作质量提升工程实施纲要〉的通知》(教党〔2017〕62 号)提出，构建“实践育人质量提升体系。坚持理论教育与实践养成相结合，整合各类实践资源，强化项目管理，丰富实践内容，创新实践形式，拓展实践平台，完善支持机制，教育引导师生在亲身参与中增强实践能力、树立家国情怀”④。

2018 年 4 月，《教育部关于印发〈新时代高校思想政治理论课教学工作基本要求〉的通知》(教社科〔2018〕2 号)指出：“从本科思想政治理论课现有学分中划

① 教育部社会科学司．普通高校思想政治理论课文献选编(1949—2006)[M]．北京：中国人民大学出版社，2007：216.

② 教育部办公厅关于高校组织思想政治理论课主题学习实践活动的通知[EB/OL]．(2017-07-10)[2022-12-01]. http://www.moe.edu.cn/srcsite/A13/moe_772/201707/t20170710_309039.html.

③ 教育部关于印发《高等学校马克思主义学院建设标准(2017 年本)》的通知[EB/OL]．(2017-09-26)[2022-12-01]. http://www.moe.edu.cn/srcsite/A13/s7061/201709/t20170926_315339.html.

④ 中共教育部党组关于印发《高校思想政治工作提升工程实施纲要》的通知[EB/OL]．(2017-12-06)[2022-12-01]. http://www.moe.edu.cn/srcsite/A12/s7060/201712/t20171206_320698.html.

出2个学分、从专科思想政治理论课现有学分中划出1个学分，开展本专科思想政治理论课实践教学。学生既可通过参加教师统一组织的实践教学获得相应学分，也可通过提交与思想政治理论课学习相关的实践成果申请获得相应学分。”[①]

从上述教育部文件中，我们可以看到教育部对实践教学的重视程度。但是，目前人们对思想政治理论课实践教学的认识还不一致，这就需要我们去深入研究，推动其持续健康发展。

二、思想政治理论课实践教学的内涵

在研究思想政治理论课实践教学之前，我们先要考察与其相关的两个概念，然后分析思想政治理论课实践教学的内涵。一是实践概念，马克思主义认为实践是人类能动地改造世界的客观物质性活动。二是要考察实践教学这个概念，实践教学或称为实践性教学，在自然科学类课程如医学、生物学等教学中早已存在。实践性教学是指，“相对于理论教学的各种教学活动的总称。包括实验、实习、设计、工程测绘、社会调查等。旨在使学生获得感性知识，掌握技能、技巧，养成理论联系实际的作风和独立工作能力。通常在实验室、实习场所等一定的职业活动情景下进行，作业是按专业或工种的需要设计。教师根据不同作业，不同个体进行分类指导：学生采取学和做相结合的方式”[②]。从上述分析可以看出，实践教学无疑属于人类实践的范畴。

相对于自然科学类课程，教育学、管理学、经济学等人文社会科学课程的实践教学，以及思想政治理论课实践教学概念的提出相对晚一点。在我国，思想政治理论课实践教学也有相当长的发展时期，是随着思想政治理论课程的建设及其教学进程逐步发展起来的，体现了思想政治工作规律、教书育人规律及人才成长规律的要求。根据现有的资料，中华人民共和国成立初期，高校在有了思想政治理论课的同时就有了它的实践教学，只不过受各种条件的制约，那时候实践教学的内容、形式还比较简单。1949年12月30日，钱俊瑞在第一次全国教育工作会议上的总结报告要点中指出：“根据各地的经验，为了有效地进行政治思想教育，第一，理论学习必须密切结合学生的思想实际，即把理论学习作为改造思想的武器，改造思想作为理论学习的直接目的……第五，这种学习应当与自己参加生产

① 教育部关于印发《新时代高校思想政治理论课教学工作基本要求》的通知[EB/OL].(2018-04-24)[2022-12-01]. http://www.moe.edu.cn/srcsite/A13/moe_772/201804/t20180424_334099.html.

② 顾明远. 教育大辞典(增订合编本)：下[M]. 上海：上海教育出版社，1998：1412.

劳动、参加群众斗争、参观解放军或工厂等活动结合起来，才能收到大的成效。”[①]在当时条件下，就强调理论与实践相结合。事实上，在不同的历史时期，高校思想政治理论课都强调了马克思主义理论的学习要与当时的党和国家的形势与任务结合，重视进行实践教学，弘扬马克思主义理论联系实际的学风。

虽然思想政治理论课实践教学早已经存在，思想政治教育学界也一直重视对实践教学的研究，但是目前对思想政治理论课实践教学的内涵，人们的认识还不完全一致。比较有代表性的观点有以下两方面。一是狭义实践教学，即认为“实践教学是相对于课堂理论讲授而言的、以学生为参与主体的实践性的教学活动。实践教学具有两个基本规定性：其一实践教学具有实践指向性和教学意向性，是一种教学活动而不是其他类型的活动，特别是不等同于纯粹的学生活动；其二，实践教学必须以学生为中心和主体来创造教学实践场景，以学生的参与、体验、探究和感悟为充要环节。”“在理论讲授的课堂上进行的互动教学，只能算理论教学的组成，而不应算作实践教学”[②]。二是广义实践教学，有学者提出，实践教学模式“指的是除了理论教学之外的所有与实践有关的教学，它可以体现在课堂教学之中，也可以体现在课堂教学之外，尤其是体现在课堂教学之外”[③]。从思想政治理论课教学的实际情况看，由于其受学时、空间、教学环境等因素的影响，单纯在课堂上进行实践教学，无论是学时还是实践的形式都受到很大制约。所以，实践教学不能仅限于在思想政治理论课的课堂上进行，它应该包括课堂上和课堂以外的与思想政治理论课理论教学及学生学习紧密相连的所有实践活动。因此，有研究者认为，“思政课实践教学，就是在完成思政课理论教学的基础上，通过具体实践途径，达到对思政课课堂上学习基本理论知识的进一步理解、吸收、内化，实现对思政课基本理论、原理的应用，从而进一步树立马克思主义的世界观和方法论”[④]。

三、思想政治理论课实践教学的理论基础

实践教学有其丰富的理论支撑和现实条件，是思想政治理论课教学体系的重

---

① 教育部社会科学司．普通高校思想政治理论课文献选编(1949—2006)[M]．北京．中国人民大学出版社，2007：4.

② 宇文利．实践教学的状况与反思[J]．中国德育，2011(12)：21-22.

③ 李松林，李会先．关于高校思想政治理论课实践教学的几点思考[J]．思想教育研究，2006(07)：53-58.

④ 罗军强．高校思政课实践教学教程[M]．长沙：中南大学，2015：11.

要组成部分，一般讲，它的理论基础有以下四个方面。

一是认识世界与改造世界的统一，决定了理论必须与实践相结合，实践是检验真理的唯一标准。理论联系实际是马克思主义认识论的根本要求，是思想政治理论课实践教学的理论基础之一。马克思主义理论与具体实际相结合，是人们正确认识世界和有效改造世界的根本途径。思想政治理论课要对大学生进行马克思主义教育。作为中国特色社会主义指导思想的马克思主义，既包括由马克思、恩格斯创立的及列宁在领导俄国革命和社会主义建设中发展了的马克思主义，还包括中国共产党人将马克思主义普遍真理与中国实际结合，形成的马克思主义中国化理论成果——毛泽东思想、邓小平理论、“三个代表”重要思想、科学发展观、习近平新时代中国特色社会主义思想。马克思主义具有鲜明的政治性、理论性、人民性，又有很强的应用性。学习理论的目的在于应用马克思主义的立场、观点、方法来分析问题、解决问题，就是把理论学习与认识世界、改造世界结合起来。认识与实践结合，理论联系实际，是马克思主义的优良学风，也是党的思想路线的重要内容。开展实践教学把学习理论与现实实际情况结合起来是提高学习效果的根本方法。马克思、恩格斯在《共产党宣言》中强调，“原理的实际运用，正如《宣言》中所说的，随时随地要以当时的历史条件为转移”[①]。毛泽东指出：“要有目的地去研究马克思列宁主义的理论。要使马克思列宁主义的理论和中国革命的实际运动结合起来，是为着解决中国革命的理论问题和策略问题而去从它找立场，找观点、找方法的。这种态度，就是有的放矢的态度。‘的’就是中国革命，‘矢’就是马克思列宁主义。我们中国共产党人所以要找这根‘矢’，就是为了要射中国革命和东方革命这个‘的’的。”[②]邓小平提出：“学马列要精，要管用的。”[③]习近平指出：“坚持以马克思主义为指导，必须落到研究我国发展和我们党执政面临的重大理论和实践问题上来，落到提出解决问题的正确思路和有效办法上来。”[④]学习理论，把理论运用于实践，在实践中发现问题、解决问题、学以致用、服务人民，才能真正学懂弄通马克思主义理论。

二是以人为本的思想。党的十九大报告指出，我国社会的主要矛盾已经转化为人民日益增长的美好生活需要和不平衡不充分的发展之间的矛盾。满足人民美

① 马克思恩格斯文集：第2卷[M]. 北京：人民出版社，2009：5.

② 毛泽东选集：第3卷[M]. 北京：人民出版社，1991：801.

③ 邓小平文选：第3卷[M]. 北京：人民出版社，1993：382.

④ 习近平关于社会主义文化建设论述摘编[M]. 北京：中央文献出版社，2017：80.

好生活需要不仅体现在物质生活方面，也体现在精神生活方面，思想政治教育是满足人民精神生活需要的重要途径之一。马克思主义科学地揭示了人的本质，认为人既有自然属性，也有社会属性，社会属性是人的本质属性。物质生活虽然很重要，但是人又追求精神生活的充实高尚，人是在追求物质生活过程中，不断地超越原有的思想道德高度，持续地提升精神境界的。“穷且益坚，不坠青云之志”，正是仁人志士的高尚情怀。习近平要求，“要坚持不懈促进高校和谐稳定，培育理性平和的健康心态，加强人文关怀和心理疏导，把高校建设成为安定团结的模范之地”[①]。立德树人，学生是受教育的主体。思想政治教育从根本上讲是做人的工作，是解疑释惑的过程，必须树立以人为本的理念，必须眼中有学生。思想政治理论课实践教学要围绕关心学生、爱护学生、服务学生，研究如何结合理论教学，在实践教学中联系学生思想、学习、生活实际，引导学生学思结合、知行合一，提高政治觉悟、道德水平、文化素养、法律素质，引导学生正确认识世界和中国发展大势，正确认识中国特色社会主义和国际比较，正确认识时代责任和历史使命，正确认识远大抱负和脚踏实地，全面提高思想道德素质，这样才能成为担当民族复兴大任的时代新人。

三是知行合一的思想。一般情况下，每个人的知识是由间接经验和直接经验构成的，由于人的时间和精力的制约，学习间接经验是人们获取知识的主要方式，但是直接经验的学习也是必不可少的。大学生通过理论学习掌握了一些马克思主义理论，这些理论知识对他们来说是前人在实践中积累的宝贵思想认识成果，属于间接经验。参加实践教学活动可以使大学生把从书本中学习到的理论知识运用于实际生活中，他们经过调查研究、参观考察、服务社会、服务人民、亲身感受可以获得丰富的直接经验，加深对马克思主义理论的学习理解，坚定“四个自信”。实践教学是连接“知”与“行”的纽带，古人讲，“知者行之始，行者知之成”。学习理论的目的在于应用，将学到的知识运用于实践中，在改造客观世界过程中改造主观世界，系好人生的“第一粒扣子”，培育和践行社会主义核心价值观，涵养良好的思想品德和法治思维。空谈误国，实干兴邦。“每一项事业，不论大小，都是靠脚踏实地、一点一滴干出来的。‘道虽迩，不行不至；事虽小，不为不成。’这是永恒的道理。做人做事，最怕的就是只说不做，眼高手低。不论

---

① 习近平：把思想政治工作贯穿教育教学全过程　开创我国高等教育事业发展新局面[N]. 人民日报，2016-12-09(01).

学习还是工作，都要面向实际、深入实践，实践出真知；都要严谨务实，一分耕耘一分收获，苦干实干。”[①]

四是教育与生产劳动相结合，是马克思主义的教育原理，也是思想政治理论课实践教学的理论之基。早在19世纪，马克思在考察机器大工业生产方式的过程中，就揭示了机器大工业生产对劳动力素质提出的新要求：客观上需要在生产过程之外的专门场所——学校学习机器大工业的生产原理及其技能。而要培养具有一定文化、技术素养的劳动力，就必须要改变当时的学校教育制度和童工制度，必须把教育与生产劳动相结合，用现代科学技能武装劳动者，以现代生产实践经验培训劳动者。但是，在资本主义制度下，随着机器的广泛使用，带给工人阶级的直接后果是大批的妇女、儿童需要进工厂做工，童工制度给儿童的健康成长带来了极大危害。“只是到1833年，儿童的工作日才被限制为12小时；由于过度的劳动，根本没有发展智力的时间。”[②]基于对未来社会的儿童生活的关心，马克思、恩格斯在《共产党宣言》中提出：“对所有儿童实行公共的和免费的教育。取消现在这种形式的儿童的工厂劳动。把教育同物质生产结合起来，等等。”[③]马克思、恩格斯从人的全面自由发展的历史高度，提出了教育与生产劳动相结合的命题，并把它作为“造就全面发展人的唯一方法”[④]。

教育与生产劳动相结合，是毛泽东有关教育思想的重要内容，也是对马克思主义教育思想的继承和发展。在中央苏区时期，毛泽东提出：“苏维埃文化教育的总方针在什么地方呢？在于以共产主义的精神来教育广大的劳苦民众，在于使文化教育为革命战争和阶级斗争服务，在于使教育与劳动联系起来，在于使广大中国民众都成为享受文明幸福的人。”[⑤]1943年，在抗日战争的关键时期，为了打破国民党对陕甘宁边区的经济封锁，毛泽东发出“自己动手，丰衣足食”的号召，他要求“一切机关学校部队，必须于战争条件下厉行种菜、养猪、打柴、烧炭、发展手工业和部分种粮”[⑥]。中华人民共和国成立后，1957年，毛泽东在最高国务会议第十一次扩大会议上的讲话，即《关于正确处理人民内部矛盾的问题》中指

---

① 习近平在北京大学师生座谈会上的讲话[N]. 人民日报，2018-05-03(02).

② 马克思恩格斯全集：第16卷[M]. 北京：人民出版社，1964：640.

③ 马克思，恩格斯. 共产党宣言[M]. 北京：人民出版社，1997：49.

④ 姜文闵，韩宗礼. 简明教育词典[M]. 西安：陕西人民教育出版社，1998：545.

⑤ 毛泽东邓小平江泽民论教育[M]. 北京：中央文献出版社，人民教育出版社，北京师范大学出版社，2002：9.

⑥ 毛泽东选集：第3卷[M]. 北京：人民出版社，1991：911.

出："我们的教育方针，应该使受教育者在德育、智育、体育几方面都得到发展，成为有社会主义觉悟的有文化的劳动者。"[①]1978 年，在全国教育工作会议上邓小平提出："为了培养社会主义建设需要的合格的人才，我们必须认真研究在新的条件下，如何更好地贯彻教育与生产劳动相结合的方针。马克思、恩格斯、列宁和毛泽东同志都非常重视教育与生产劳动相结合，认为在资本主义社会里这是改造社会的最强有力的手段之一；在无产阶级取得政权之后，这是培养理论与实际结合、学用一致、全面发展的新人的根本途径，是逐步消灭脑力劳动和体力劳动差别的重要措施。"[②]1994 年，江泽民在全国教育工作会议上的讲话中提出："这里我要特别讲一下教育与生产劳动相结合的问题。这一条已经明确写入《中国教育改革与发展纲要》，是我们教育方针的重要组成部分。教育与生产劳动相结合是坚持社会主义教育方向的一项基本措施。"[③]胡锦涛强调："要全面贯彻党的教育方针，坚持教育为社会主义现代化建设服务，为人民服务，与生产劳动和社会实践相结合，培养德智体美全面发展的社会主义建设者和接班人。"[④]习近平提出："必须坚持崇尚劳动、造福劳动者。劳动是财富的源泉，也是幸福的源泉。人世间的美好梦想，只有通过诚实劳动才能实现；发展中的各种难题，只有通过诚实劳动才能破解；生命里的一切辉煌，只有通过诚实劳动才能铸就。劳动创造了中华民族，造就了中华民族的辉煌历史，也必将创造出中华民族的光明未来。'一勤天下无难事。'必须牢固树立劳动最光荣、劳动最崇高、劳动最伟大、劳动最美丽的观念，让全体人民进一步焕发劳动热情、释放创造潜能，通过劳动创造更加美好的生活。"[⑤]要在学生中弘扬劳动精神，教育引导学生崇尚劳动、尊重劳动，懂得劳动最光荣、劳动最崇高、劳动最伟大、劳动最美丽的道理，长大后能够辛勤劳动、诚实劳动、创造性劳动。

人民群众美好的生活来自劳动创造，教育与生产劳动相结合是实践教学的需要，也是加强劳动教育，培养大学生热爱劳动、热爱劳动人民的感情、增强素质

① 毛泽东邓小平江泽民论教育[M]. 北京：中央文献出版社，人民教育出版社，北京师范大学出版社，2002：65-66.

② 毛泽东邓小平江泽民论教育[M]. 北京：中央文献出版社，人民教育出版社，北京师范大学出版社，2002：112-113.

③ 毛泽东邓小平江泽民论教育[M]. 北京：中央文献出版社，人民教育出版社，北京师范大学出版社，2002：249.

④ 全国教育工作会议文件选编[M]. 北京：人民出版社，2010：7.

⑤ 习近平在同全国劳动模范代表座谈时的讲话[N]. 人民日报，2013-04-29.

能力的现实需要。

第二节 思想政治理论课实践教学的形式

实践教学作为思想政治理论课教学体系的重要内容，对于实现教学目标，发挥其引导政治方向、约束规范行为、激发精神动力、塑造个体人格的功能具有显著的功效。立足教学实际，因地制宜，积极探索适应大学生学习特点、体现教学内容和教育教学规律要求的思想政治理论课实践教学的有效形式，对于提高教学的亲和力、针对性具有重要意义。

实践教学的形式可以分为很多种。根据上面我们对实践教学内涵的理解，思想政治理论课的实践教学，可以划分为课内实践教学、课外实践教学两种基本形式；根据实践教学的呈现形态可以分为实景实践教学和虚拟实践教学；根据开展实践教学的主体，可以划分为思想政治理论课教师主导的实践教学，党组织开展的实践教学，团学及社团组织开展的实践教学(即大学生社会实践)等；还有混合分类法，主要以实践教学的最为常用的形式划分，分为课内实践教学、课外实践教学、虚拟实践教学三种。课内实践教学与理论课教学结合紧密，便于教师指导、学生参与；课外实践教学贴近现实生活，空间范围大，有利于学生获得多种体验；虚拟实践教学不受时间空间限制，能使学生全员参与。三种形式综合运用，能够扩大学生参与面，提高实践教学的实效性。本书主要采取混合式的分类方法，分述如下。

一、课内实践教学

它是指以课堂为时空，结合理论学习，由教师组织学生实施的实践教学活动。课内实践教学活动是一种非常有效的教学形式，相对于参观考察、社会调查、服务社会等，它灵活方便，与课程深度结合，学生参与面大，有利于师生互动交流思想、激发学生学习热情。课内实践教学主要有以下几种形式。

(一)课堂讨论

课堂讨论是一种较为常见的形式，是教师根据教学内容，把学生分成若干小组，结合教材或现实生活中学生关注的热点、难点问题和社会问题，提前把需要回答的问题布置给学生，课后让学生查阅资料准备答题，小组成员在一起分析问题，提出自己的见解。然后在课堂上让每个小组的学生代表回答问题，师生共同讨论，教师对学生的发言进行点评，分析总结，提出改进意见。课堂讨论能够创设一种平等互动的教学环境，有利于发挥学生学习积极性，培养学生思维能力、合作精神，达到取长补短、共同提高的目的。

（二）演讲活动

演讲活动又叫演说或讲演，是指在教师的指导下，学生以某一问题为演讲主题，查阅学习资料，撰写演讲稿，然后在课堂上以有声语言为主要手段，辅以体态语言，针对某个与学习有关的具体问题，声情并茂、立场鲜明地发表自己的见解或主张，阐明事理或抒发情感，进行宣传、教育的一种实践活动。演讲可以让学生全员参与，也可以分成若干小组进行，时间应该控制在合理范围内，还可以组织评分小组，制定评分标准，把演讲评分作为平时成绩的一部分。演讲结束后，教师要对演讲进行点评总结，指出不足，以利于今后提高学生的写作水平和口语水平。演讲对于提高学生语言表达能力来说，不失为一种实用的简单有效的实践形式。

（三）情景模拟

它是指根据教学内容需要，模拟一定的社会环境，让学生扮演某一角色，反映现实生活中的一些社会现象，引导学生思考问题，使学生感受身边真实发生的事件，从中获得感悟和启发并接受教育的形式。比如“思想道德与法治”课程，就可以利用这种方式由学生自编自导模拟情景来教育学生，它寓教于乐，使学生感受到现实环境的影响，并留下深刻记忆。随着智能手机的普及，可以让学生把情景模拟拍成视频，在课堂上播放，发挥学生自我教育的独特作用。课内实践有多种形式，比如案例教学、知识竞赛、辩论赛、读书报告会、观看影视作品等，限于篇幅，不再一一论述。

二、课外实践教学

它是指与思想政治理论课的理论学习相联系，教师有目的、有计划、有组织地安排学生深入社区、工厂、农村、纪念场馆、教学基地，通过现场学习、参观考察、实地调查、服务群众等方式，了解国情省情，感知社情民意，学习革命传统，在实践中受教育、长才干、做贡献的一种教学模式，主要有以下几种形式。

（一）参观考察

它是在教师带领下，组织学生参观革命历史遗址、历史纪念馆、博物馆、展览馆、社区、工厂、农村、街道等地方。通过参观考察了解重大历史事件、学习英雄模范、进行廉洁教育、传承红色基因，培养学生爱党爱国情感，增进对党情国情及社情民意的了解，感受中国特色社会主义建设取得的新成就，增强对中国特色社会主义的道路自信、理论自信、制度自信、文化自信。

（二）社会调查

它是通过教师有目的、有计划地组织学生，围绕某个社会问题或某种社会现象，实地观察研究，搜集第一手资料，然后对所搜集的资料，运用理论分析研究，得出关于某种事物理性认识的方法。作为一种常用的实践形式，它被广泛应用于思想政治理论课实践教学中。社会调查的题目可以来源于社会现实，也可以由学生自由选题，教师给予指导。题目要符合学生实际，既不能太大，也不能太小，以小组为单位进行为宜。

（三）社会服务

它是指在教师指导下，利用学生自身所学的知识及掌握的技能，以直接为服务对象提供帮助，解决服务对象生产、生活、教育、健康等问题为目的的实践活动。最常见的社会实践活动是学校团学组织利用暑假寒假等时间，组织学生广泛参与的“科技、文化、卫生三下乡”活动、青年志愿者活动，以及以扶贫、帮困、助残、敬老、助学等为内容的学雷锋活动等，这些活动对于学生树立服务社会的奉献精神，培养热爱劳动人民的情感，增强社会责任意识具有重要意义。

（四）校园文化活动

校园文化是指“学校特有的承载师生价值观的活动和物质形态。包括教育目标、校园环境、学风、教风以及以学校教育为特点的文化生活、教育设施、学生社团组织、传统习惯和制度规范、人财物管理等”[①]。它包括三个层面：观念形态层面、制度层面、物质层面，核心是学校长期办学过程中形成的师生共同的价值观念，决定了校园文化的特征、功能和发展方向。校园文化活动俗称“第二课堂”活动，是在学校党委、学生工作部门、团委领导下，以各类学生社团、学生班集体为主体开展的校园文化、体育、艺术、科技、卫生、心理、创业、就业等实践。校园文化活动满足了学生多样文化精神生活的需要，调动了学生探索求知的兴趣，是学生自我教育、自我管理、自我服务的有效实践。校园文化活动寓教

① 林崇德，杨治良，黄希庭．心理学大辞典：下卷[M]．上海：上海教育出版社，2003：1379.

于乐、寓教于行，能够发挥学生的积极性、创造性，是思想政治教育理论课教学活动的延续和有益补充。通过开展丰富多彩的校园文化活动，传递社会主义核心价值观，可以培养学生的实践能力、创新创业意识、团队合作精神、法治思维，养成讲文明、讲礼貌、讲道德、守纪律、爱祖国、爱人民、爱劳动、爱科学、爱社会主义的品行。

（五）大学生理论读书社

它是近年来兴起的以学习政治理论为目的的学生社团，是经省级教育主管部门批准或高校有关部门核准，学生志愿报名，党团组织选拔而组建的学生社团。大学生理论读书社，在思想政治理论课教师指导下，研读马克思主义经典著作、专业书籍、通俗理论读物，以自学与集体学习、交流讨论为主，理论学习与社会实践结合，定期举办辅导报告、读书报告会，以期进一步学习马克思主义理论，提高政治理论水平。在教师指导下，学员能更系统地学习研究马列主义、毛泽东思想、邓小平理论、“三个代表”重要思想、科学发展观、习近平新时代中国特色社会主义思想。通过这种形式给愿意学习研究马克思主义理论的学生“开小灶”，理论学习与实践锻炼结合，能够培养一批理想信念坚定的青年马克思主义者。如，闽南师范大学 2016 年成立了中共党史读书社、中国特色社会主义理论体系读书社、马克思主义基本原理读书社，在教师指导下组织学生学习马克思主义理论。对于促进马克思主义中国化、时代化、大众化起到了推动作用。

三、虚拟实践教学

对于虚拟实践教学，目前人们的认识还不一致，一般讲，它是指以互联网和计算机技术为支撑，将传统的物理教学空间和现实教学空间转化为网络学习空间和虚拟学习空间，从而在网络或虚拟环境下进行实践教学活动。它与课内实践教学、课外实践教学一起构成了思想政治理论课的实践教学体系。中国互联网络信息中心发布的第 51 次《中国互联网络发展状况统计报告》显示，截至 2022 年 12 月，我国网民规模达 10.67 亿，较 2021 年 12 月增长 3549 万，互联网普及率为 75.6%，较 2021 年 12 月提升 2.6 个百分点；我国手机网民规模达 10.65 亿，网民通过手机接入互联网的比例高达 99.8%。[①] 随着互联网技术，特别是移动互联

① 第 51 次《中国互联网络发展状况统计报告》[EB/OL].(2023-03-03)[2023-04-01].http://www.cnnic.net.cn/n4/2023/0303/c88-10757.html.

网的迅速发展，大学生每天手机不离身。手机给大学生学习、休闲、娱乐、交往、班集体活动、购物等带来全新的体验，也为开展虚拟实践教学提供了有效载体。目前，虚拟实践教学主要有以下形式。

（一）观看网上红色文化展馆

网上红色文化展馆是由省、市级党委宣传文化部门创办的公益性的网络思想政治教育资源，是利用三维立体成像技术、虚拟实境技术、人机交互技术等建立的红色文化传播平台。开展虚拟实践教学，学生足不出户，在寝室或自习地点，就能够通过移动互联网近距离感受红色文化魅力并接受红色教育。例如，福建省委宣传部牵头整合相关力量，依托东南网，对福建红色文化资源进行全面充实完善和数字化升级，建成了福建红色文化网上展示馆；依托福建省革命历史纪念馆，采用目前最先进的虚拟实境技术，建成了福建红色文化实体体验馆。教师可以充分利用这类网上资源，根据思想政治理论课的教学内容，结合各门课程教学要求，安排学生观看网上红色文化展馆相关内容，开展虚拟实践教学，且不受时间地点限制，易于组织。

（二）网上调查

社会调查是实践教学的重要手段，传统的调查方法需要花费很多时间和精力，网上调查方便易行有很多优势，可以作为虚拟实践教学形式加以利用。进行网上调查，一些网络公司开发了专用软件，教师要指导学生选用合适的软件，设计好调查问卷，提高调查信息的可靠性，要注意网上调查与实地调查相结合，对所获得的调查数据进行综合分析，这样得出的调查结果才更有说服力。

（三）课程学习交流群

利用 QQ 或者微信等即时通信工具，教师可以建立课程交流群并做好管理工作，实现虚拟学习与交流，开展虚拟实践教学。在注意做好知识产权保护前提下，把一些与课程学习相关的视频放在群里供学生学习观看，结合课堂教学解答学生的问题，就一些与课程理论学习有关的问题进行交流讨论，可以提高学生学习的兴趣和思维能力。

虚拟实践教学作为一种实践途径，形式也是多样的，很多高校都在研究推进这项建设。例如，北京高职思政课构建了北京红色文化长廊——研究式虚拟实践模式；北京名人理想长廊——演讲式虚拟实践模式；北京优秀企业文化建设长廊——播放式虚拟实践模式；北京道德法律状况长廊——辩论式虚拟实践基地等

四种基地模式，他们的做法值得其他高校学习、研究、借鉴。[①]

第三节　思想政治理论课实践教学的重要作用

开展思想政治理论课实践教学，有目的、有计划地组织学生积极参与各种实践活动，将理论与实际相结合，深化对马克思主义理论的学习、理解、应用，是培养德智体美劳全面发展的社会主义建设者和接班人，提高教学亲和力和针对性的客观需要。实践教学的重要作用有以下几方面。

一、加强实践教学是培养担当民族复兴大任的时代新人的需要

习近平在党的十九大报告中强调，“要以培养担当民族复兴大任的时代新人为着眼点”[②]。立德树人是高校的根本任务。人无精神不立，国无精神不强。大学生要想成为时代新人，必须有坚定的理想信念，必须筑牢自己的精神之基，补足精神之“钙”，如果精神上缺“钙”，得了“软骨病”，就不能挺起自己的精神脊梁；动摇了理想信念，本事再大也不可能成为时代新人。大学生要成为时代新人，还必须解决好世界观、人生观、价值观这个“总开关”问题，特别要培育和践行社会主义核心价值观。“人类社会发展的历史表明，对一个民族、一个国家来说，最持久、最深层的力量是全社会共同认可的核心价值观。核心价值观，承载着一个民族、一个国家的精神追求，体现着一个社会评判是非曲直的价值标准。”[③]社会主义核心价值观是社会主义核心价值体系的精神内核，反映了社会主义核心价值体系的根本性质和基本特征，体现了社会主义意识形态的本质要求，是实现中华民族伟大复兴的价值引领。青年时期是一个人“三观”形成的关键期，只有自觉用马克思主义武装头脑、指导实践，才能树立正确的世界观、人生观、价值观。“理论上清醒，政治上才能坚定。坚定的理想信念，必须建立在对马克思主义的深刻理解之上，建立在对历史规律的深刻把握之上。”[④]高校要以“进教材、进课堂、进头脑”为抓手，用习近平新时代中国特色社会主义思想武装学生

---

① 于红，王小乾．高职思政课虚拟实践教学基地建设研究[J]．教育理论与实践，2014(36)：36-37.

② 习近平．决胜全面建成小康社会　夺取新时代中国特色社会主义伟大胜利——在中国共产党第十九次全国代表大会上的报告[M]．北京：人民出版社，2017：42.

③ 习近平关于社会主义文化建设论述摘编[M]．北京：中央文献出版社，2017：112.

④ 习近平．习近平谈治国理政：第2卷[M]．北京：外文出版社，2017：35.

头脑，以理论的清醒，坚定对马克思主义、中国特色社会主义和共产主义的信念。理论来源于实践，又指导实践，开展丰富多彩的实践教学，理论联系实际，可以开阔学生视野，使他们感受日新月异的中国特色社会主义实践，感知人民群众的无限创造活力，接受生动的马克思主义教育，可以让党的创新理论从书本上“飞入寻常百姓家”，使学生的个人理想融入中华民族伟大复兴的中国梦中，成为实现梦想的筑梦者。

二、加强实践教学是提高思想政治理论课教学亲和力和针对性的客观要求

思想政治理论课是体现社会主义大学本质的课程，承担着对大学生进行系统的马克思主义理论教育的使命，是对大学生进行思想政治教育的主渠道。传统的教学模式以课堂理论教学为主阵地，以教师为中心，以教材、课堂为媒介，以讲授、灌输为主，教学方法单一，存在重课堂、轻课外，重理论、轻实践，重结论、轻认同，重任务、轻实效的现象。教学活动与社会发展的形势和学生的实际生活相脱节，缺乏亲和力与针对性，不能引起学生的思想共鸣。学生学习动力不足，往往采取应付态度，甚至厌学，教学效果不理想。实践教学能够拉近理论与现实的距离，改变以教师为中心的教学方式，使学生由“看客”变为主体，观察社会发展，走进人民群众生活中去发现问题、思考问题，并尝试运用所学的理论知识解决问题。这样做能够有效激发学生学习、探究的积极性、主动性，促进学生形成正确的价值观念。

三、加强实践教学是弘扬伟大民族精神增强“四个自信”的需要

中华民族久经磨难，我们党不忘初心、牢记使命，历经风雨、百折不挠，坚韧不拔、前赴后继，为中华民族谋复兴，为中国人民谋幸福。伟大民族精神是中华民族和我们党战胜一切困难的强大精神动力，是中国人民长期奋斗中培育、继承、发展起来的，它包括伟大创造精神、伟大奋斗精神、伟大团结精神、伟大梦想精神。在马克思主义的指导下，中国共产党领导人民在革命、建设和改革中，开辟了新民主主义革命道路、社会主义革命道路、社会主义建设道路、中国特色社会主义道路，实现了从“站起来”到“富起来”再到“强起来”的伟大飞跃。思想政治理论课教师开展实践教学，组织学生参观革命历史文化遗迹、纪念馆，学习先辈的革命精神和光荣传统，用红色文化滋润大学生心田，让学生了解中国的昨

天，珍惜中国的今天，追梦中国的明天。弘扬以爱国主义为核心的伟大民族精神和以改革创新为核心的时代精神，有利于增强中国特色社会主义道路自信、理论自信、制度自信、文化自信，有利于培养一代又一代拥护中国共产党领导和中国特色社会主义制度、立志为中国特色社会主义事业奋斗终生的有用人才。

四、加强实践教学是培养大学生创新创业能力的需要

中国特色社会主义进入新时代，深化改革开放和社会主义现代化建设、促进人的全面发展和社会全面进步、对科学知识和卓越人才的渴求、实现中华民族伟大复兴，都对思想政治理论教育教学提出了新的更高的要求。“发展是第一要务，人才是第一资源，创新是第一动力。中国如果不走创新驱动发展道路，新旧动能不能顺利转换，就不能真正强大起来。强起来要靠创新，创新要靠人才。”[①]21 世纪，高校培养的学生不仅要具备良好的思想品德，还要有较强的创新精神、创业能力。思想政治理论课应该发挥其独有的优势，推动实践教学与创新创业教育相互融通。马克思主义具有与时俱进的理论品质。“坚持马克思主义，最重要的就是坚持马克思主义的科学原理和科学精神、创新精神，善于根据客观情况的变化，不断从人民群众实践中吸取营养，不断丰富和发展理论，使理论更好指导我们的工作。”[②]思想政治理论课教学要改变重理论教学、轻实践教学的倾向，构建具有本校特色的实践育人体系，开展多种多样的实践教学活动，组织学生参与“青年红色筑梦之旅”等大学生社会实践活动，使学生不仅掌握马克思主义理论知识，还学会做人做事，学会动手动脑，学会生存，学会与别人合作共事，增强创新意识、创业能力，靠自己的双手创造美好幸福的生活，实现自己的人生价值。

第四节　充分利用地方德育资源开展多种多样的实践教学

实践教学作为思想政治理论课教学体系的重要组成部分，对于实现其教学目标、促进大学生健康成长起到积极的促进作用。《中共教育部党组关于印发〈高校思想政治工作质量提升工程实施纲要〉的通知》（教党〔2017〕62 号）指出：“坚持理

① 习近平李克强栗战书汪洋王沪宁赵乐际韩正分别参加全国人大会议一些代表团审议[N]. 人民日报，2018-03-08(01).

② 习近平关于社会主义文化建设论述摘编[M]. 北京：中央文献出版社，2017：97.

论教育与实践养成相结合，整合各类实践资源，强化项目管理，丰富实践内容，创新实践形式，拓展实践平台，完善支持机制，教育引导师生在亲身参与中增强实践能力、树立家国情怀。”①当下，受多种因素的影响，实践教学开展得并不理想，高校还不同程度地存在重理论教学、轻实践环节现象。造成这种困局的原因是多方面的，既有重视不够、经费投入不足的问题，也有学生多、组织难度大、安全保障等因素的考量。但是，往往与高校舍近求远，没有充分发挥本地德育资源的积极作用有密切的关系。我国幅员辽阔，高校所处的区位不同，各地区各高校的办学条件千差万别，德育资源禀赋也不一样，调动师生的积极性、主动性，充分挖掘利用地方德育资源开展思想政治理论课的实践教学，能够有效地提高思想政治理论课教学经费的社会效益和经济效益，对于提高教育教学质量有十分重要的意义。

一、德育资源

从素质教育的角度看，作为教育资源的重要组成部分，“高校德育资源必须是现实中已经存在的、物质的或精神的、显性或隐性的资源，随时可以被教育者开发利用的，有利于实现德育目的的各种要素的总和”②。目前，关于德育资源的分类标准很不一致，按其存在形式分类，总体上可以将其分为自然资源与社会资源两大类，自然资源和社会资源还可进一步细分若干。自然资源包括自然景观、地理地貌，如山水、陆地、草原、湖泊、动物、植物等；社会资源包括主体资源、文化资源、艺术资源、历史资源、科技资源、信息网络资源等，这些资源是思想政治理论课教学实践环节必不可少的重要的条件。我国是世界四大文明古国之一，有悠久的历史和光辉灿烂的文化，各地有大量的文物和历史遗存，展现了不同时期先辈们自强不息为中华民族的形成发展、进步文明、独立富强而奋斗的足迹，留下了宝贵的物质和精神财富，是社会主义核心价值体系的重要载体，是思想政治理论课教学的“活化石”。各地各高校充分挖掘利用本地的德育资源，无疑能够弥补思想政治理论课实践教学经费不足等短板，拓宽实践教学的渠道，变教师单向“灌输式”为师生“双向互动”的教学方法，满足师生了解社会、体验社会实际生活的需求，对提高教师教学的使命感、责任感和学生学习积极性、主动

① 中共教育部党组关于印发《高校思想政治工作质量提升工程实施纲要》的通知[EB/OL].(2017-12-06)[2022-12-01].http://www.moe.edu.cn/srcsite/A12/s7060/201712/t20171206_320698.html.

② 孙丽丽.高校德育资源研究综述[J].黑龙江省社会主义学院学报，2011(03)：54-56.

性有重要促进作用。

二、利用地方德育资源，加强和改进实践教学的基本原则

由于历史的原因，德育资源在我国不同地区有不同的存在方式，分布也不均匀。有效地挖掘并利用这些资源，需要我们以科学的态度认识和看待这些资源，遵循德育规律，紧密结合理论教学，加以合理利用，通过强化实践环节，教育引导学生成为社会主义事业的建设者和接班人。一是坚持马克思主义为指导的原则。马克思主义是科学的世界观和方法论，是我们的行动指南。德育资源是我国各族人民不同时期智慧和劳动成果的积淀，在挖掘运用时，我们要以辩证唯物主义和历史唯物主义的观点看待历史与现实，用联系的发展的眼光看待问题，坚持“古为今用，洋为中用”的方针，正确地对待中华民族的优秀文化遗产和世界其他民族文明的优秀成果；要善于透过现象认识事物的本质，从地方德育资源中汲取思想政治理论课的丰富营养，用鲜活的事例、客观的事实教育学生，提高学生的思想道德品质。二是坚持实事求是的原则。德育资源既有物质形态的也有精神形态的，运用这些资源，我们要尊重客观事实，既不要随意拔高，更不能低估其蕴含的思想光芒和真理价值，需要经过“去粗取精，去伪存真，由此及彼，由表及里”的过程，透过现象，抓住根本，以客观事实来阐释理论，用富有时代气息的马克思主义、中国特色社会主义理论体系话语诠释理论、指导实践。三是坚持理论联系实际的原则。思想政治理论课各门课程的教学目的、教学内容、教学要求不一样，理论联系实际，实现理论与实践具体的历史的统一是思想政治教育的根本要求。恩格斯指出：“我们的理论是发展着的理论，而不是必须背得烂熟并机械地加以重复的教条。”[①]取之于本地德育资源的事例等，更能贴近学生、贴近实际、贴近生活。在教师的指导下，学生经过观察了解，进一步思考体悟，可以提高思想认识水平。四是坚持全面系统可持续原则。德育资源，从时空上看有古代的、近代的和现代的，挖掘利用德育资源是优化思想政治理论课教学环境这一系统性工程的一项长期任务，不能一蹴而就，需要社会、高校及师生的共同参与，还需要投入必要的财力物力。高校要把对本地德育资源的挖掘和利用作为教学基本建设和改革的内容之一，融入思想政治理论课的教学体系中，动员师生共同参与，主动与地方德育资源主管部门联系，拓宽德育资源利用渠道，制定激励政

---

① 马克思恩格斯文集：第10卷[M]. 北京：人民出版社，2009：562.

策，通过实践教学环节，挖掘和利用本地德育资源。对于一些物质形态的德育资源尤其要注意加以保护性永续利用，为思想政治理论课实践环节提供不竭的源泉。五是坚持人文关怀原则。思想政治理论课的教学对象是“00后”大学生，为使其成为学生“真心喜爱，终身受益，毕生难忘”的课程，教师需要“尊重人的主体地位和个性差异，关心人丰富多样的个体需求，激发人的主动性积极性创造性，促进人的自由全面发展”①。历史唯物主义告诉我们，人民群众是社会实践的主体，是社会物质财富、精神财富的主要创造者，是社会变革的决定力量。德育资源体现了我国历代劳动人民不懈奋斗的历程，是中华民族在长期的历史发展中形成的宝贵物质、精神财富，也是民族精神和时代精神的真实体现。用伟大的民族精神和时代精神鼓舞学生、关爱学生是以人为本的内在要求，对于形成良好的校风学风，促进学生成长成才有不可替代的作用。“一个民族的历史深刻影响着一个民族的现在和未来。今天的中国从历史的中国发展而来。我们国家和民族的发展史，包含着治国安邦的深刻道理，也揭示了今天我国发展道路的历史必然性。”②

三、挖掘利用地方德育资源，是加强和改进实践教学的重要途径

思想政治理论课的性质和教学特点决定了课堂理论教学必须联系社会实际，必须与社会实践相结合。思想政治理论课教学虽然也需要教师理论联系实际阐释重点难点，但是总体上讲仍偏重于传授知识。理论教学“作为课堂教学的形式，有不少优点。如在单位时间内信息量大，学生学习效率高等。但是，却也面临着难题。例如，没有直接学习得到的知识和经验那么直接、易为学生所接受、所信服；过于抽象，不易形成具体而生动的表象”③。古人讲，“纸上得来终觉浅，绝知此事要躬行”。实践教学环节的缺失无疑会影响思想政治理论课的亲和力、针对性。

当今世界正在经历百年未有之大变局。全球化、信息化、市场化日益发展，各种思想文化交流、交融、交锋更加频繁，人们思想活动的独立性、选择性、多

---

① 沈状海，李岩．注重人文关怀和心理疏导：创新思想政治工作的新要求[J]．思想政治工作研究，2008(02)：20-22.

② 江泽民．高度重视学习中华民族发展史[N]．人民日报，2012-07-31.

③ 程馨莹，陆黎歌．试论有效发挥实践活动在思想政治理论课中的作用[J]．思想理论教育导刊，2012(04)：81-82.

变性，差异性日益增强，“进教材、进课堂，进头脑”工作面临新的任务与挑战，我们必须直面挑战主动作为，回应思想政治理论课的现实问题。在现有的条件下，充分挖掘利用本地德育资源，改进教育教学方法，理论与实践结合，以马克思列宁主义、毛泽东思想、邓小平理论、“三个代表”重要思想、科学发展观、习近平新时代中国特色社会主义思想引领大学生健康成长。“讲理论要接地气，要让马克思讲中国话，让大专家讲家常话，让基本原理变成生动道理，让根本方法变成管用方法，将总体上的‘漫灌’和因人而异的‘滴灌’结合起来。”[①]首先，挖掘利用地方德育资源是提升教师实践能力的必由之路。从教师素质要求看，思想政治理论课教师除了要具备良好政治素质、职业操守和扎实的理论功底外，还要拥有较强的社会实践能力、社会交往能力、组织协调能力，能有效地组织学生开展校内外实践教学活动。教师的实践能力状况制约着思想政治理论课的实践教学效果，教师只有走出书斋、走出校园，深入实际、深入生活、深入社会，才能了解国情省情县情，对本地德育资源了然于胸，为合理挖掘和利用德育资源创造条件。“问渠那得清如许，为有源头活水来。”开展实践教学，需要教师根据思想政治理论课的教学内容、目的和要求，对教学活动进行适时的控制和指导，更要紧密联系理论学习，联系学生思想实际，回应社会热点难点问题，对德育资源进行适当取舍。即使是优质的德育资源，如果不能正确运用于实践教学，也可能会给学生带来负面影响，甚至出现“看起来震动，听起来激动，想起来感动，回去后没有行动”的尴尬困境。其次，挖掘利用地方德育资源，是加强和改进思想政治理论课实践教学的必然选择。“思想政治理论课是一个开放的教学体系，教学的难点在于如何把‘死’的教材变成学生‘活’的认知和思想政治素质。”[②]发挥本地德育资源作用、创新实践形式，开展多种多样的实践教学活动，丰富实践教学内容，是实施“05 方案”加强和改进思想政治工作，促进思想政治理论课教学从教材体系向教学体系转化，从知识体系向信仰体系转化的根本任务。充分挖掘运用地方德育资源可以开展以下几方面的实践教学。一是利用自然景观、人文历史资源等，开展参观考察等活动，增加感知性，提升学生对国家和民族历史文化的认同感。二是利用中华人民共和国成立以来，特别是改革开放 40 多年来的改革建设成就等资源，进行中国特色社会主义共同理想教育，坚定学生走中国特色社会

---

① 习近平关于社会主义文化建设论述摘编[M]. 北京：中央文献出版社，2017：100.

② 何孟飞. 教学相关通俗理论读物辅助思想政治理论课教学的思考[J]. 思想理论教育导刊，2012(06)：76-78.

主义道路的自觉性。三是利用文化历史资源等，开展近现代史和马克思主义教育，使同学们认识到，“在近代以来中国社会发展进步的壮阔进程中，历史和人民选择了中国共产党，选择了马克思主义，选择了社会主义道路，选择了改革开放”[①]。四是综合利用各种资源开展青年志愿者活动、学雷锋活动、校园文化活动和“三支一扶”等社会实践活动，使青年学生受教育、长才干、做贡献。五是开展社会调查活动。在教师指导下，结合所学课程，有计划地组织学生就社会某一方面的问题，深入农村、社区、街道、学校、工厂进行实地调查研究，撰写调研报告，提高学生分析问题、解决问题的能力。六是利用地方德育资源，建立实践基地，发挥基地育人功能。学校和教师要积极主动与地方联系，在革命遗址、纪念场馆、烈士陵园、名人故居等地方，多渠道建立实践基地，进行现场教学，运用多种教学方法，丰富实践内容，增强教学的针对性、感染力和吸引力。[②]

总之，各高校应坚持因地制宜的原则，有效挖掘利用本地德育资源，做教育教学的有心人，在思想政治理论课的教学工作中有效强化实践教学环节，扩大师生的交流互动机会，激发学生学习兴趣，弥补实践教学内容的不足，提升思想政治理论课的亲和力、针对性。

---

① 胡锦涛在庆祝中国共产党成立90周年大会上的讲话[N]. 人民日报，2011-07-02(01).

② 黄如飞，苏益纯，等. 用“匠心”让红色文化直抵人心[N]. 福建日报，2018-06-04.

第六章

高校思政课教师队伍建设与未来发展

中国特色社会主义进入新时代，落实好党中央提出的政治要强、情怀要深、思维要新、视野要广、自律要严、人格要正的要求，真正打造一支可信、可敬、可靠、乐为、敢为、有为的高素质高校思想政治理论课教师队伍，是新时代办好思政课的关键所在。

第一节 高校思政课教师队伍现状与问题

一、高校思政课教师队伍建设现状

(一)思政课教师队伍建设重视程度不够

目前，不少高校对思想政治教育、教学科研的认识不到位，思想政治教育工作者受专业限制既是教师，又是干部，总是习惯性地把工作职能摆放在首位，往往由于科研能力较弱，科研成果不多，而思想政治教育职能发挥得不够充分，使得思想政治工作显得空洞无味，得不到一定的重视和关注。

(二)思政课教师队伍流失较严重

由于目前高校的思政课教师在基础理论知识和专业知识方面存在着一定的不足，不少教师承担思政课往往是组织安排，并非心甘情愿，枯燥乏味的内容提不起教学的兴趣导致对思政课的热情度不高。另外，高校竞争日趋激烈，很多思政课教师担心今后转岗困难，而无法全身心投入思政课教学工作中，再加上受其他从事直接显现经济效益工作教师的影响，很多思政课教师只是在等待一个合适的时机转岗，从而导致人员流失。

二、高校思政课教师队伍建设存在的问题原因

职业化是专职思政课教师队伍建设的关键。思政课教师职业化程度普遍偏低，缺乏“职业化”的正确引导，是导致专职思政课教师出现问题的主要因素。所谓“职业化”引导是提升思政课教师的社会地位和学术地位的基础，只有正确树立职业化的概念和含义，把思想政治教育工作看作一个可以长期从事的职业，正确认识思想政治教育的真正意义，才能使思想政治教育更为顺利地得到推广，才会使得思政课教师的长期发展有章可循，思政课教师的职业才更具有规范性和神圣性。同时，高校思想政治教育更为规范化也是未来发展的必然趋势。

言而总之，高校思政课教师队伍是工作在一线的骨干力量，是我们进行现代

化高校思想政治教育工作的中坚力量。现阶段，我国高校思想政治教育工作开展得如火如荼，然而由于专职思政课教师的不受重视等导致了从事该方面工作的教师流失现象十分严重。新来的教师需要时间来对学生目标群体熟悉和融合，长此以往，将不利于高校思想政治教育工作的开展。因此，我国高校急需打造一批专业化的思政课教师队伍，无论是专业性还是自身素质都要达到我国现代化建设目标的培养需求。如何进一步完善和发展我国高校院校思政课教师队伍建设是摆在我们面前的一大重要课题。

第二节　高校思政课教师队伍建设的方向

通过上面的分析，我们应该清楚地认识到，高校思想政治理论课教师队伍建设工作经过多年的发展，虽然取得了很大的成绩，但是也存在一些问题需要不断完善和改进。对于进一步推进高等学校思想政治理论课教师队伍建设，首要任务是找准建设的方向，也就是明确思路，这一点对于全国各高等学校来说都是适用的。

一、把立德树人作为中心环节，把思想政治工作贯穿始终

全国高等学校思想政治工作会议强调，培养什么样的人、如何培养人以及为谁培养人，这是高等学校思想政治工作的根本问题。要坚持不懈地把立德树人作为中心环节来抓，坚持不懈把思想政治工作贯穿到教育教学全过程，实现全程育人、全方位育人，奋力开创我国高等教育事业发展的新局面。2019 年，党中央又进一步指出，思政课是落实立德树人根本任务的关键课程，发挥着不可替代的作用。这说明国家目前已经把办好思政课放在了世界百年未有之大变局、党和国家事业发展全局中来看待，放在了坚持和发展中国特色社会主义事业、全面建设社会主义现代化强国、实现中华民族伟大复兴的高度来对待。

然而，对思政课重要性的认识还不够到位，支持思政课建设的氛围不够浓厚是当前很多地方和高校的通病。2019 年，中共中央办公厅、国务院办公厅印发的《关于深化新时代学校思想政治理论课改革创新的若干意见》中也指出了当前有的地方和学校在思想政治理论课建设方面存在的问题：面对新形势新任务新挑战，有的地方和学校对思政课重要性的认识还不够到位，课堂教学效果还需提升，教材内容不够鲜活，教师选配和培养工作存在短板，体制机制有待完善，评

价和支持体系有待健全，大中小学思政课一体化建设需要深化，民办学校、中外合作办学思政课建设相对薄弱，各类课程同思政课建设的协同效应有待增强，学校、家庭、社会协同推动思政课建设的合力没有完全形成，全党全社会关心支持思政课建设的氛围不够浓厚。2019 年，全国人大常委会执法检查组关于高等教育法实施情况的报告显示，有的高校存在调门高、行动少、思政工作表面化和碎片化的现象。高校思想政治工作体系还没有完全贯通到学科体系、教学体系、教材体系、管理体系，三全育人格局还未完全形成。这说明，各个高校和地方必须坚持党对思政课建设的全面领导，把加强和改进思政课建设摆在突出位置，全面贯彻党的教育方针，把立德树人作为中心环节，把思想政治工作贯穿教育教学始终，把高等学校思想政治理论课教学工作摆在日益凸显的位置。诚然，从国家相关政策的出台，到各个地方和高校的规范运行和认真执行，再到影响思想政治理论课教师本人发展的一系列变化，并非一蹴而就，而是需要一个周期才能达到政策应有的影响。但是，国家、地方和高校、教师各个主体所处位置和现实情况的不同，对政策的时效性也有一定的影响。例如，国家一直强调思想政治理论课实践教学的规范性和制度性，从《中共中央关于改革学校思想品德和政治理论课程教学的通知》中提及要适时地穿插各种切合学生需要的时事教育、文学艺术教育和课外活动这一思想政治理论课实践教学的最初表述，一直到要启动制定《高等学校思想政治理论课实践教学大纲》，在长达 30 余年的不断探索和实践中，思想政治理论课实践教学依旧没有完全实现当初设置此课程时的目的和效果。

此外，建立一支合格的、过硬的高校思想政治理论课教师队伍与每个教师自己的思想建构是分不开的。作为新时代的高校思政课教师，要时刻关注并有意识地提升自身的职业道德修养，不断调整心态建立正确的职业观，真正在思想政治理论课教学工作中做到授之以渔，为培养适应新时代发展需要的高素质人才做出贡献。教师是人类灵魂的工程师，肩负着育人的神圣使命。高校思想政治理论课教师应努力成为先进思想文化的传播者，党的路线、方针、政策坚定的支持者，大学生健康成长的引路人。高校思政课教师要自觉加强自身的师德师风培植，秉承教书和育人相统一，言传和身教相统一，埋头问道和仰望星空相统一，遵守学术自由和学术范例相统一，以德立品、以德立学、以德施教。

二、完善高校思政课教师队伍建设的顶层设计

顶层设计的本义就是追根溯源，统揽全局，在最高层次上寻求问题的解决之

道。思想政治理论课大格局的建构，教师队伍的建设，立德树人根本任务的完成，是一项系统工程，单靠学校的力量是不够的，需要强化顶层设计与指导，优化工作格局，凝聚全党、全社会的力量加大精准施策力度，常抓不懈、久久为功。

国家在宏观层面着力提升高等学校思想政治理论课教师的综合素质以及教学专业化水平的一系列顶层设计文件，为加强高等学校思想政治理论课教师队伍建设指明了方向，强调中央教育工作领导小组要把思政课建设纳入重要议事日程，教育部、中宣部等部门要牵头抓好思政课建设，制定关于加快构建高校思想政治工作体系的意见，汇聚办好思政课合力。《新时代高等学校思想政治理论课教师队伍建设规定》于 2020 年 1 月 7 日教育部第 1 次部务会议审议通过并施行，在文件中，高校思政课教师的职责要求、配备选聘、培养发展、管理考核、保障等均得到了进一步明确。下面就各地方以及高校层面的顶层设计与指导展开论述。

(1)建立党委统一领导、党政齐抓共管、有关部门各负其责、全社会协同配合的工作格局。高校思想政治理论课以及教师队伍建设的关键在于主体责任不能虚置。从地方层面上来说，国家要求地方党委要对思政课建设担负起主体责任，要从政治高度和大局出发，抓住制约思政课建设的突出问题，在工作格局、队伍建设、支持保障等方面采取有效措施。尤其要配齐建强思政课专职教师队伍，从经费、办公条件、职称晋升、评优等方面予以充分保障。从高校层面来说，必须要建立高校党委书记、校长带头抓思政课机制。高校党委书记、校长作为思政课建设第一责任人，要切实担负起政治责任和领导责任，进一步推动思想政治理论课教学工作制度日益完善，要带头联系思政课教师，自身也要带头讲好思想政治理论课，积极传播马克思主义科学理论，弘扬社会主义核心价值观。为避免在落实各项制度上的形式主义、相互扯皮推诿等现象，必须把思政课相关建设情况纳入各级党委领导班子考核以及学校党的建设工作考核、办学质量和学科建设评估标准体系。相应思想政治理论课制度的制定要从本地区、本校的实际情况出发，既能够规范思想政治理论课教学活动，又能够充分调动每一位教师的积极性和主动性。此外，还要发挥巡视制度的作用，定期或不定期对相关领域进行巡查和督查，推动党中央关于学校思政课建设的各项决策部署不折不扣落到实处。

(2)推动形成全党、全社会努力办好思政课、教师认真讲好思政课、学生积极学好思政课的良好氛围。全社会要努力营造有利于思政课建设的良好舆论环境，扩大优秀教师的社会影响。高等学校党委、组织部、宣传部的主要领导要发挥模范带头作用，不仅要亲自上讲台讲授思想政治理论课，还要抽出时间参加集体备课会，与广大思想政治理论课教师共同探讨如何上好课程。教育主管部门，应该切实承担起为教育主体营造良好文化氛围的责任，即保障良好的思想政治教育学校环境。根据马斯洛的需求层次论，当主体可以在与人来往时取得成功，在校园文化建设中参与其中将会取得更大的心理满足，这类满足是物质利益所不能够代替的。以往这一点经常被忽视，人们总是认为，教师既然是人类灵魂的工程师，就应该要克服不好的外部条件，别的行业人员可以抱怨外部环境，但是教师就应该去适应环境，这其实是对外部因素对主体思维的重大影响的忽略。主体的思维能力是否科学，受其心理满足感的影响。如果主体在自己舒适感的基础上感到一种满足，那么对于对象判断的准确性将会提高；相反，如果主体的普通心理欲望长时间没有得到满足，就会产生挫败感。在这种情况下，思维的科学性不能保证，所以学校环境与主体的思维能力密切相关。因此，优秀的学校思想政治教育环境是教育主体克服思想缺陷的前提。在强调思想政治理论课教师实现职业责任的同时，应尽量避免其权益的被忽视和被边缘化。

第三节　健全高校思政课教师队伍建设工作机制

一、建立健全考核评价工作机制

第一，思想政治理论课教师的考核评价工作应该从德、能、勤、绩四个方面全方位展开。立德树人是高校思想政治教育工作的主要目标，所以对思想政治理论课教师的考核，当然是德字当头，主要考核老师在理想信念、政治素养、思想品质和职业道德方面是否严格自律并且起到了示范引领作用；是否爱岗敬业，对学生负责，对党的教育事业无私奉献。在能力考核方面，要突破以往重科研能力考核、轻教学能力考核的旧模式。教学工作是教师一项非常重要的主业，所以在考核时应该更多地去关注老师的教育教学实绩，对于教育教学成绩突出的老师，应该在职级晋升、职称评定等方面给予适当倾斜。在勤方面，重点考察评价思想政治理论课教师的敬业、勤业、乐业的精神和态度，以及思想政治理论课教师在课堂外，即第二课堂领域对学生的关心、爱护和付出，以及在自我教育、终身学习方面所付出的努力。在绩方面，主要考核思想政治理论课教师完成学校、二级院系和职能部门交办的工作的落实绩效，以及为所在部门发展、学校发展所做出的贡献。

第二，从考核方法而言，应该注重科学合理性，应该多维度、全方面地对思想政治理论课教师进行考核。在考核的过程当中，应该坚持领导评价、同行互评、学生测评、教师自评等几个方面结合起来，多层次多维度地对思想政治理论课教师进行考核，客观合理地评价思想政治理论课教师在德、能、勤、绩四个方面的实际表现。

二、建立健全激励保障工作机制

第一，要保证思想政治理论课的教学时数。高校学校重视学生的专业发展、技能培养，往往对思想政治理论课等一些公共课程采取漠视的态度，在学时上不能保证国家规定的教学时数，使思想政治理论课被边缘化，教师地位被弱化和轻视，不利于思想政治理论课教师队伍的建设。因此，必须严格保证思想政治理论课的教学时数，建立教学督导制度，严格按照学分学时对应原则，确保思想政治理论课的教学时数。

第二，适当加大对思想政治理论课教师队伍的物质奖励力度，完善表彰奖励机制。要根据各地区社会经济发展的实际状况以及地区财政的实际承受能力，对思政课教师的收入给予一定的政策扶持，调动教师的工作积极性、主动性以及创造性。各级教育主管部门要在教育系统的各类表彰中，对思想政治理论课教师的表彰确定一定的比例，定期举行思想政治理论课教学先进单位、优秀教师等评比活动。在工作中及时挖掘思想政治理论课教师教育教学的优秀案例、先锋模范等，加大宣传推广的力度，增强广大思想政治理论课教师队伍的责任感、使命感和荣誉感。

第三，要完善教师队伍的职称评定机制，破解思想政治理论课教师职称晋升难的困境。职称评审的时候，要考虑到思想政治理论课的特殊性，不仅要考核教师的科研成果和水平，还要把教学工作量、教学效果、教学能力等都纳入考核范围。特别是高校的思想政治理论课教师，受发展平台的限制，与本科教师相比劣势明显。所以，教育主管部门在制定职称评定政策时，应该对高校老师加大政策的支持和倾斜力度，提高高校思想政治理论课教师工作的积极性。

三、建立健全培养培训工作机制

要重视思想政治理论课教师队伍的培训和培养，坚持岗前培训和在岗培训相结合。岗前培训主要针对新教师开展，使新教师能够具备达到岗位要求的各项素质。在岗培训则依据不同课程、不同层次和不同职称进行差异化教育，使培训更有针对性，效率也更高。在岗培训可以分为专业类和教育技术类，从提升专业素养和掌握前沿的教育教学技术两个维度，提升教师的水平。要充分利用各级各类教育教学培训资源，本地区的实践基地以及全国思想政治理论课教师研修培训基地等资源，对教师开展有计划、有针对性的分期分批培训，最终实现教师培训全覆盖的目标。要高度重视校内培训和教师自主学习的开展，通过集体备课、制作课件、搜集教学资源、构建资源共享平台、定期开展公开课等方式，加强老师在校内的团队培训。鼓励教师积极自主学习、学历提升等，提高自身的教育教学能力。

第四节　提升高校思政课教师队伍综合素质

一、思想政治理论课教师的语言艺术

第一，语言应当准确规范。在马克思主义中国化的过程中，我们党的理论发展一个最重要的理论精髓叫作实事求是。实事求是就是要从客观的实际出发去寻求规律性，尊重客观事物本来的样貌，按规律办事。因此，思想政治理论课教师在讲解党的理论，宣传党的路线、方针、政策的时候，所用的语言就应该准确规范，尽可能少地掺杂自己的情感因素。特别是在介绍革命、建设和改革各个时期实践历程里的一些历史事件、历史人物等的时候，更应该尊重历史原貌，客观陈述史实，引导学生用历史唯物主义和辩证唯物主义的观点自己去思考。所以，教师的表达要做到朴素简练，遵循实践和理论本来的样貌，客观地描述实践历程并准确传达理论本身要传达的观点。

第二，语言应当具有时代性。随着时代的发展，学生作为受教育的客体，他们在不同的时期也呈现出不一样的群体特点。如何更好地引领学生，这就涉及一个基本的问题，即在课堂讲授的时候，怎样能够更好地吸引学生的注意力和更好地融入学生的话语体系。这就对思想政治理论课教师提出了一个非常高的要求，即教师的语言应该随着时代的发展具有时代性。教师应该主动融入学生的话语体系，用一些接地气语言来调节课堂的氛围，吸引学生的注意力，提高学生的抬头率，拉近和学生的距离，以使教学能更好地推进，从而提升教学效果。

二、思想政治理论课教师的知识结构

（一）学科性知识

学科性知识就是平常所说的专业性知识，即进行思想政治理论课讲授所应当具备的马克思主义及其相关学科的知识。“师者，学高为师。”如果一个教师不具备相应的学科知识，那么其在课堂上的讲授必定是捉襟见肘的。思想政治理论课教师如果不具备扎实的马克思主义及其相关学科的理论功底，那么面对高校思想政治理论课，是很难施展拳脚的。掌握专业性知识还需要注意以下几点：第一，教师应对本学科的基础知识，有广泛而准确的理解。掌握本学科的基本概念、相关的技能技巧，了解这些基本内容背后所蕴含的思想与方法。第二，掌握与其他学科相关的知识点与联系，便于开展多学科之间的融合研究，更加有针对性地指导不同专业学生的发展。第三，掌握本学科的前沿知识。不断更新自身的知识体系，不断地与时俱进，走在时代前列。

（二）教育性知识

在完整的教学过程中，教育主体向教育客体开展教育的过程，需要借助一些方法手段和资源平台。而作为教育主体的教师，如何有效地将已有的教学资源整合起来，运用于整个教学过程，提升教学效果，就是一个教师必须要掌握的教育性知识。也就是说，教育性知识就是指一个教师，他非常清楚在什么条件、什么场合下，如何能够最优化地运用已有的平台、设备、资源等，开展教学的一种知识类型。教学活动要想有效地开展和推进，教师具备教育性知识是必不可少的重要保障条件。但随着时代的不断进步，在信息化社会的背景下，互联网发展迅猛，课堂教学空间突破了教室的界限，向第二课堂和网络空间延伸。然而，很多老师忽视了自己的继续教育和学习，对新时代涌现出来的新的教育技术以及方法掌握不够，领悟不到位，对新的教学方法等知之甚少，缺乏教育性知识，使整个教学的推进和时代脱节，不能被学生接受。因此，高校思政课教师必须要加强继续教育与培训，掌握新的教学方法和手段。

三、思想政治理论课教师的素养要求

(一)政治素质

习近平总书记指出：“政治问题，任何时候都是根本性的大问题。”[①]中国共产党作为马克思主义政党，从不讳言自己的政治主张。党的性质、党的政治主张、党的政治领导地位，决定了党的政治建设至关重要。所以，旗帜鲜明讲政治是我们党作为马克思主义政党的根本要求。党的十九大首次把党的政治建设纳入党的建设总体布局，并强调“以党的政治建设为统领”“把党的政治建设摆在首位”，凸显党的政治建设的极端重要性。高校思想政治教育工作是党的事业的重要组成部分，作为一名思想政治理论课教师，政治素养是第一位的，任何时候、任何场合都要讲政治。只有加强政治素养，才能践行党的意志，为实现党的目标和纲领奋斗，才能在正确的方向上完成党的教育事业，始终同党中央保持高度一致，在工作中以身作则地培养好学生。

思想政治理论课教师应当自觉坚持党中央权威和集中统一领导，坚定执行党的政治路线，严格遵守政治纪律和政治规矩，在政治立场、政治方向、政治原则、政治道路上同党中央保持高度一致。要尊崇党章，严格要求自己，积极参加党内政治生活，自觉抵制不良风气对党内生活的侵蚀。自觉弘扬忠诚老实、公道正派、实事求是、清正廉洁等价值观，坚决防止和反对个人主义、分散主义、自由主义、本位主义、好人主义，坚决防止和反对宗派主义、圈子文化、码头文化，坚决反对搞两面派、做两面人。不断加强党性锻炼，不断提高政治觉悟和政治能力，忠诚于党的教育事业。具体来说，应从以下几个方面努力。

第一，坚定政治立场。政治立场是一个人在观察、分析、处理政治问题时的根本立足点、出发点和支撑点。思想政治理论课教师要自觉地同党中央保持高度一致，坚决贯彻执行党的方针、路线、政策和各项工作部署。站在广大人民利益的立场上，站在国家利益和民族利益的高度上来观察问题、分析问题和解决问题。要在经济全球化和政治多极化的大背景下，全面地去了解世界发展的形势变化，国家发展的形势变化。忠诚履行社会主义教育事业赋予每个老师的重任。思想政治理论课教师只有坚定政治立场，才能在教学活动中更好地发挥思想政治引领作用，引导青年学生学理论、用理论，做到真学真用，真懂真信。

---

① 习近平关于全面从严治党论述摘编[M]. 北京：中央文献出版社，2016：87.

第二，严守政治纪律。纪律高于一切，纪律是执行各种路线的保证。邓小平指出："遵守纪律的最高标准是真正维护和坚决执行党的政策，国家的政策。"① 因此，高校思想政治理论课教师，就必须始终以坚定的信仰、高度的自觉，维护社会主义教育事业的政治原则和方向，自觉地坚持党的基本路线、基本理论、基本纲领、基本经验和基本要求。在党的路线、方针、政策等重大原则问题上，始终同党中央保持高度一致。任何时候，把纪律放在前头，严格约束自己的行为，坚定不移地做中国特色社会主义事业的建设者和捍卫者。我们党的最高理想是实现共产主义，我们党正在进行的伟大事业，是中国特色社会主义伟大事业。思想政治理论课教师要帮助大学生树立中国特色社会主义的共同理想，使他们能够成为中国特色社会主义事业的建设者和接班人。要实现这一根本任务，教师必须严守政治纪律，做到学术研究无禁区，课堂讲授有纪律。无论什么时候，都不能够将自己或者他人的一些研究不成熟或是与统编教材教学内容不一致的理论和观点，作为在课堂上的讲授内容传授给学生，而应该严格地按照国家的统编教材的要求进行授课。思想政治理论课教师在课堂讲授中口无遮拦、随心所欲，在对学生的培养教育过程中随意、任性地表达自己的观点，做出与思想政治理论课教师应有言行不符的行为是完全错误的。应该按照马克思主义理论的要求，按照社会主义核心价值观的要求，塑造和培养学生，让他们能够在实践中求真务实，脚踏实地追求真理、坚持真理，自觉规范自己的政治言论、政治行动、政治立场。

第三，提升政治鉴别力。政治鉴别力是指人们在政治问题上具有明辨是非的能力。增强政治鉴别力，既是讲政治的内容和要求，又是讲政治的原则和体现。政治鉴别力是善于从政治大局出发观察国内外形势，解决各种社会问题的觉悟和能力，其本质上来说是基于马克思主义的科学世界观、方法论以及人民史观立场之上的鉴别力。现在一些反马克思主义的观点往往披着"美丽的外衣"，各种社会思潮暗流涌动，不易鉴别。这就需要思想政治理论课教师具有透过现象看本质的能力。在国际、国内形势纷繁复杂的今天，思想政治理论课教师应该具备较高的政治水平，能够明辨是非，正确认识各种社会思潮，及时发现各种错误倾向，并展开有说服力的批判；要善于运用马克思主义的立场、观点和方法，对这些所谓的新潮观点言论进行认真的分析和鉴别，划清是非对错的界限；善于正确认识和处理各种政治问题，始终保持清醒的头脑，使高校的思想政治教育工作始终保持

① 邓小平文选：第3卷[M]. 北京：人民出版社，1993：112.

正确的方向。

（二）道德素质

道德是以善恶为评价方式，主要依靠社会舆论、传统习俗和内心信念来发挥作用的行为规范的总和。道德素养是个体在道德意识、道德行为方面自觉地按照一定的社会或阶级的道德要求所进行的自我审度、自我教育、自我锻炼、自我改造和自我完善的活动。

道德同其他社会意识形态一样，不是千古不变的。迄今为止，人类社会先后经历了五种基本社会形态，与此相适应，出现了原始社会的道德、奴隶社会的道德、封建社会的道德、资本主义社会的道德、社会主义社会的道德。在社会主义社会，有一部分先进分子还身体力行共产主义道德。推进社会主义道德建设，必须坚持马克思主义道德观，充分吸收借鉴各种优秀道德成果。

“为什么人服务”是道德的核心问题，规定并制约着道德领域中的所有道德现象。为人民服务是中国共产党人把马克思主义基本原理与中国革命、建设和改革的具体实践相结合的伟大创造。为人民服务，不仅是坚持历史唯物主义的必然要求，是中国共产党践行的根本宗旨，也是社会主义道德观的集中体现，是全体中国人民应共同遵循的道德要求。集体主义是社会主义道德的原则。在我国，国家利益、社会整体利益和个人利益根本上的一致性，使集体主义应当而且能够在全社会范围内贯彻实施。长期以来，集体主义已经成为调节国家利益、社会整体利益和个人利益关系的基本原则。

大学时期是个体道德意识形成和发展的一个重要阶段，在这个时期形成的道德观念对大学生一生影响很大。因此，思想政治理论课教师应该不断提升自身的道德素养，帮助大学生提高自身的道德素质，帮助他们学习道德的基本理论，树立正确的道德观，从而自觉传承中华传统美德和中国革命道德，遵守公民道德准则，在投身崇德向善的实践中不断提高道德品质。具体来说，应从以下两个方面努力。

第一，要有高尚的道德信念。在对道德有了科学认识的基础上，思想政治理论课教师还应有高尚的道德信念，即有坚定的社会主义和共产主义的道德信念。因为道德信念较之道德认识、道德情感和道德意志，具有综合性、稳定性和持久性的特点。它在高校思想政治理论课教师的道德品质形成中居于主导地位，是道德认识转化为道德行为的重要精神力量。

第二，要有优秀的道德素质。具备优秀的道德素质是思想政治理论课教师开展教育工作必不可少的条件之一。高校思想政治教育理论课教师道德素质要求包括以下内容：一是大公无私，乐于奉献；二是热爱本职工作，忠于职守；三是平等待人，为人师表；四是坚持真理，修正错误；五是清正廉洁，艰苦奋斗；六是团结互助，顾全大局。

（三）法律素养

法治是现代文明的制度基石。法治兴则国家兴，法治衰则国家乱。建设法治中国，离不开每个公民的参与和推动。法律素养是高校思想政治理论课教师素养的重要组成部分。提高法律素养要求高校思想政治理论课教师进一步学习马克思主义法学理论，深刻理解社会主义法律的本质特征和运行机制，整体把握中国特色社会主义法治体系和法治道路的精髓，培养法治思维，尊重和维护法律权威，依法行使权利与履行义务，以实际行动带动学生崇德向善，努力做尊法学法守法用法的模范。具体来说，应从以下几个方面努力。

第一，学习教学所需法律知识。学习和掌握教学所需的法律知识，是开展教育教学工作的前提。围绕课程需要，学习法律知识，填补知识盲区，心中高悬法律的明镜，手中紧握法律的戒尺。法律知识通常包括法律法规条文方面的知识和法律法治基本原理方面的知识。只有既了解法律法规在某个问题上的具体规定，又了解法律的原理、原则，才能更好地领会法律精神，养成法治思维。除了从书本上获取法律知识外，还可以通过收听收看法律类广播电视节目、阅读法律类报纸杂志，尤其是运用网络等途径学习法律知识。

第二，培养法律意识。法律意识是人们对法和有关法律现象的观点和态度的总称，包括对法的本质、作用的理解，对现行法律体系和法律运行、建设法治国家的认识，对公民权利和义务的认识，对法律制度的掌握和运用，对行为是否合法的识别等。高校思想政治理论课教师必须掌握法律方法，具有强烈的法律意识，才能完成好对大学生进行法治教育的任务。

第三，守住法律底线，依法从教。法律红线不可逾越、法律底线不可触碰。坚持从我做起，从身边做起，形成底线思维，严守法律底线。在工作和生活中，遇事讲法律、讲证据、讲程序，自觉依法决策、依法办事、依法从教，做大学生的表率。

（四）人文素养

思想政治理论课一个重要的任务就是丰富大学生的精神世界，培养科学的思维方法，提升大学生的人文素养。但是，大学生的精神世界是非常丰富的，其发展变化受到非常多因素的影响。而思想政治理论课可以直接有效地对大学生的精神世界产生不可低估的影响，塑造大学生的精神品貌。所以，思想政治理论课教师对大学生的精神世界的塑造起着非常重要的作用。在教书育人的过程中，要想引领和丰富大学生的精神世界，教师必须具备相应的素养。中华文化博大精深，教育资源十分丰富。只有当教师自身的人文素养得到加强以后，才能更好地将本民族或者整个人类的优秀文化传授给大学生，形成其内在品质，进而在不断的实践中外化为行为。一个具有良好的人文素养的教师，其一举一动皆能够成为学生学习的楷模。一个人文素养良好的教师，一般来说大都学识丰富，修养良好，品德优秀，其教学风格具有独特性。相反，人文素养不足的老师，教学风格大都不受学生的青睐。所以，思想政治理论课教师应该自觉加强人文素养的培养，通过教学活动让大学生拥有更为丰富的人文素养，成就其健全的人格。让学生毕业的时候，不只能成为某一个领域的专家，而是能涉足更多的领域。具体来说，应从以下几个方面努力。

第一，思政课教师应不断扩大阅读量，充实自己的人文知识。知识能够改变和塑造人的性格。思政课教师要有计划、广泛、系统地进行阅读，如哲学类、社会科学类、政治法律类、军事科学类的经典著作。教师应有计划地扩大阅读量，以了解多方面的人文知识，加强自身的文化功底，充实自己的内心，拓宽自己的精神空间，使自己在教学中能凭借自身扎实的专业知识、高尚的品德修养、深厚的人文底蕴、高超的教育技巧赢得学生的认同，使学生潜移默化地接受思想政治教育。

第二，思政课教师应不断提升自己的人文精神。在和学生相处互动的过程中，教师应该主动提升自己的人文精神，通过自身表现出来的强烈的教育使命感和责任心影响和感染学生，让他们变得明智有担当、深刻有内涵。教师要尊重学生的人格和权利。学生是独立的个体，有自己的思想、个性、习惯，他们有权利规划自我。在成长阶段，教师有责任帮助学生完成社会化进程，但前提是尊重学生的人格和权利。教师要平等对待每一位学生。在教育过程中，要一视同仁、平等对待，能否让弱势群体得到同等或更多的关怀和帮助是对教师本身素质的考验。教师不能随意指责、批评甚至讽刺、挖苦、辱骂、体罚学生。教师要把自己放在学生的位置上，用他们的思维方式去思考问题，便会对学生多一些宽容和理解，处理问题时就不会伤害学生的自尊心。教师要善于挖掘学生优点，保护学生的自尊心，从而激发学生的学习兴趣。让学生能在学习中获得自信，从而主动学习。这也能为融洽师生关系打下良好的基础。

（五）心理素养

身心健康是一个人全面发展的主要标志。而心理素养是指人在感知、想象、思维、观念、情感、意志、兴趣等多方面心理品质上的修养，是人重要的身心素质之一。良好的心理素养，就是指心理健康或者具备健康的心理。只有具备良好心理素养的教师才能胜任人类灵魂工程师的角色。思想政治理论课的目标和功能之一，就是要让学生具有健全的人格品质和健康的心理素质。想要把学生造就成一种什么样的人，自己就应当首先是什么样的人，教师的心理素养会对学生产生巨大的影响，这种影响不仅直接表现为影响教学的效率和效果，还表现出一种对学生心理品质的潜移默化的深刻影响。所以作为教师，首先要加强自身的心理素养建设，才能够更好地投入教育教学工作中去，培养出心智健全、心理健康、三观正确的对社会有用的人才。

思想政治理论课教师要明确自己的教师角色定位，尊重学生的人格，保护学生的自尊心，平等地对待每一个学生。面对犯了错的学生，要宽容地对待他们，给他们改正错误的机会，让他们在改正错误的过程中获得成长。应该有良好的克制力，尤其是在课堂上，教师的喜怒哀乐不能轻易地表现出来，要善于克制自己的情感，表现得沉着、冷静和自制。对于课堂突发事件，一定要冷静对待，理性处理，对学生要动之以情、晓之以理，以自己的真情来感染学生，拉近老师和学生的距离，保持良好的师生关系。在日常的工作、生活中要保持乐观幽默，遇到问题要及时进行自我心理疏导，正确地对待困难、挫折和荣誉。如果自我疏导还不能解决问题，要及时求助于专业的心理医生，通过专业的心理疏导，提升自己心理健康的水平。

第五节　优化高校思政课教师队伍人才配置

中国特色社会主义进入新时代，思政课教师队伍持续壮大，增速不断加快。面对新时代和新任务，我们不能故步自封，要进一步采取切实可行的措施，建设一支专职为主、专兼结合、数量充足、素质优良的高校思政课教师队伍。

一、配齐建强高校思政课专职教师队伍

高等学校思想政治理论课教师队伍的建设要求有一定的数量基础，也就是

说，根据学校规模和学生人数的多少，配备相应数量的教师，必须保证有足够的教师来完成思想政治理论课目标。思想政治理论课教师数量严重短缺，这是制约和影响当前思想政治理论课发展的一大瓶颈。一般说来，整个高等学校教学计划的10%是思想政治理论课教育教学计划。这意味着，约占专任教师数量不到2%的思想政治理论课教师，却承担着高校大约10%的教学任务，而且此学时和课程量的统计还不包括研究生、成人高等学校以及网络平台等其他方面需要进行的思想政治理论课教学工作。目前，不少高等学校研究生招生规模不断扩大，尤其是重点高等学校的在校研究生和本科生之比一般相差不大，研究生思想政治理论课教学压力日益增大。此外，根据中央要求，高等学校应当根据全日制本专科生和研究生在校生总数，严格按照要求的师生比核定专职思政课教师岗位。因此，无论用哪一种统计口径来计算，高校思政课师资力量的缺口是显而易见的。当前的一项紧要的工作，就是高质量配齐、配足思想政治理论课教师，使思想政治理论课教师队伍得到发展，使思想政治理论课教师队伍具有老、中、青结合的特点，保证年轻教师在教学上有老教师指导和带领，并将传帮带效应延续下去。

在每年毕业的相关专业青年博士生十分稀缺的情况下，不应局限于通过这一种途径增加思想政治理论课教师数量，至于很多地区或高校引进高水平师资的举措，只是配齐了自己一地或者一所学校的师资，对于那些区位处于劣势的省份来说，只能使他们师资短缺的状况雪上加霜。因此，要配齐高校思政课教师数量就必须拓宽思路，拓宽选拔视野，探索协同演进的新路径，需要以马克思主义学院为中心，本着各类课程与思想政治理论课同向同行的原则，多方综合利用校内外各种资源，按照专任为主、专兼结合的方针，使大思政大教育大宣传格局尽快构建起来。同时，要建立统筹管理和协调机制，让专任教师和兼任教师之间形成相互支持、相互配合的良好教学氛围，更好地让他们为高等学校思政理论课教师队伍的构建发挥聪明才智。

(1)相关学科遴选机制。在与思政课教学内容相关的学科遴选优秀教师不失为一个比较可行的办法。但是这些相关学科的博士，必须做好岗前教育培训才能加入思政课教师队伍，而且专职从事思政课教学，编制不得挪作他用。

(2)探索党政管理干部转岗为专职思政课教师，积极推动符合条件的辅导员参与思政课教学，鼓励政治素质过硬的相关学科专家转任思政课教师。探索推进由党政干部、共青团干部、哲社教师、辅导员等各个方面力量所构成的专兼结合机制，保证这支队伍后继有人、源源不竭。对于有关教师的转岗选聘，必须严把

入口关，在政治面貌、学历、教学水平以及科研水平方面都必须制定符合高校特点的标准，切不可只为交差、敷衍了事。

(3)思政课特聘教授、兼职教师制度。高等学校可以统筹地方党政领导干部、企事业单位管理专家、社科理论界专家、各行业先进模范以及高等学校党委书记、校长、院(系)党政负责人、名家大师和专业课骨干、日常思想政治教育骨干等讲授思政课。高等学校可以建立两院院士、国有企业领导等经常性进高校、上思政课讲台的长效机制。包括可以返聘高水平思想政治理论课退休教师继续承担一定的教学工作。

(4)加大高等学校思政课校际协作力度。各高等学校要在本区域范围内、各兄弟院校之间进行教师资源的流通和共享，加强区域内高等学校思政课教师柔性流动和协同机制建设，支持高水平思政课教师采取多种方式开展思政课教学工作。采取派驻支援或组建讲师团等形式支持民办高等学校配备思政课教师。

二、优化高校思政课教师队伍学历结构

思政课教师学历结构亟待优化也是一个突出问题。尽管笔者强烈反对唯文凭唯学历的观点，但是博士学位是教师具备出原创成果的能力的标志，其意味着教师有能力由学习阶段进入学术阶段。所以，优化高校思政课教师学历结构有利于这支队伍的高素质和专业化。

(1)纵向上对高校思政课教师队伍必须要求高学历。目前，虽然教育部对于新引进思想政治理论课教师的学历未做明确要求，但是事实上几乎所有本科院校都做出了新引进思想政治理论课教师的学历必须是博士学位及以上的规定。现在的问题是，队伍中现有的中青年教师必须要有健全的机制鼓励他们努力提升学历。比如，教育部积极创造条件，每年将依托全国高校第一批马克思主义理论一级学科博士点，招收从事高校思政课专职教学 5 年以上的在岗教师，在职攻读马克思主义理论学科博士学位。

(2)横向上教师专业实现科学匹配。在已有教师存量的基础上，引进新教师或者聘任兼职教师时，要注意考虑到马克思主义学科各研究方向的需要，实现各专业方向科学匹配。

三、优化高校思政课教师队伍参与科研渠道

以下仅就如何拓宽科研产出平台、畅通教师职业发展渠道谈一点拙见。

坦白地讲，思想政治理论课教师科研能力还需进一步提高，但是科研平台的缺乏亦是制约思想政治理论课教师发展的重要因素。表现为思想政治理论课教研项目的渠道较窄，国家课题申报等教科研活动对教师的职称有明确的规定，还有就是思想政治理论的专业期刊数量过少，所以，思想政治理论课教师缺乏科研竞争力，能获得国家社科基金项目的教师屈指可数，论文能发表在《马克思主义研究》《思想理论教育导刊》《马克思主义与现实》等高水平期刊上也非常困难，尤其是对于一些学历、职称都比较低的地方性院校教师来说，更是难上加难。所以，近些年国家社科基金规划项目、教育部人文社科研究项目等开始设立思政课教师研究专项，鼓励开展思政课教学重点难点问题和教学方法改革创新等研究，逐步加大对相关课题研究的支持力度。各个地方和高校更应该为思想政治理论课教师申报课题，参评各种教学、科研成果奖创造条件，拓宽平台。

第六节　推进高校思政课教师队伍人才培养

对于高等学校思想政治理论课教师而言，一方面应该对传统思政政治教育的精华进行有效传承，另一方面更要根据现实环境的变化做到与时俱进、不断创新，这就要求对于教师的发展要有一个明确的规划，通过对规划的实施，在不断学习的过程中推动教师完善自我。

一、加强学科建设，提升学科层次

从高校思想政治教育教学进展情况来看，学科建设始终是思想政治教育工作的一块短板，只有努力建设一个研究对象明确、功能定位科学的马克思主义学科体系，发挥马克思主义理论学科的领航作用，才能为思政课建设提供坚实的学科支撑，才能为增强思政课的思想性、理论性提供多角度学术支持。马克思主义理论学科作为新兴学科，其规范性尚需逐步完善。高校思政课教师因为不同的学术背景，归位本学科也需要一个过程。但是，马克思主义理论学科不应因其弱小而妄自菲薄，也不能因其学科界定有异议而把其他学科专业尽收其中以达到借船出海之目的。

对于学科建设而言，一方面，要保证学科体系的完善，也就是说，高等学校思想政治理论课的课程体系要完备；另一方面，在课程体系完备的情况下要提升学科体系的质量和水平。这就是说，首先，学科课程体系应该围绕学生的世界观、人生观、价值观、政治观、道德观和法治观教育来布局，形成完善的课程体系。其次，要强化课程建设，打造思想政治教育特色品牌课程。各高等学校要依据自身情况，打造具有本校特色的思想政治教育精品课程，形成学科体系精品课程梯队建设体系。最后，加强马克思主义学科硕博点的建设。马克思主义学科硕博点的建设，需要加强组织领导，需要政策制度到位，需要目标责任到位，需要督查机制到位。相关部门要始终致力于增强学科竞争力和独立科研能力，要不断增加经费投入与加强管理；狠抓人才队伍建设和硬件设施建设，提高本科生和硕士研究生培养质量，同时，也可以通过实施面向全国公开选聘高层次领军人才等措施，为思政课发展提供有力支撑。

二、以高层次人才领军教学科研团队建设

《普通高等学校思想政治理论课教师队伍培养规划(2019－2023 年)》提出了培养造就数十名国内有广泛影响的思政课名师大家、数百名思政课教学领军人才、数万名思政课教学骨干的目标。由此可见，培养一批领军人才和骨干教师，培养一批热爱思政课教学和马克思主义理论研究、教学业绩突出、具有发展潜力的青年人才，是这支队伍良性发展、后继有人的重要保证。

1. 完善思政课教学人才相关制度办法

根据中央和教育部的有关部署，各地方各高校可以因地制宜制定高校思政课教学领军人才培养计划和实施办法，坚持引培并举，以培为主，通过不断对党中央的各项规定和政策的深入理解与贯彻实施，进一步完善课程带头人、教学名师、中青年骨干教师等的选拔、培养等方面制度，制定更加良性的优秀人才、课题的选拔机制与评选程序。

2. 以财政投入予以保障

对于选拔出的思政课教学领军人才和优秀教学团队，在培养期内给予每名领军人才及其团队一定的专项培养经费，用于支持领军人才，开展宣传推介、科研学术交流、选拔评审、进修培训以及梯队建设等工作。

3. 多措并举促进人才成长

目前，教育部拟采取的措施有：全国高校思政课教学科研团队择优支持项目(每年择优支持 30 个左右优秀思政课教学科研团队，围绕高校思政课建设重大理论和实践问题开展团队攻关)、全国高校优秀中青年思政课教师择优资助项目(每年遴选 50 名左右教学业绩突出、科研潜力较大、创新能力较强的优秀思政课中

青年教师予以重点培养）和全国高校思政课教学方法改革择优推广项目（每年遴选20项左右教学方法新、教学效果好、受学生欢迎的优秀思政课教学方法改革项目）等。这方面的主要着力点就在于以项目带动人才培养，各高校也应该实现与教育部各类项目和人才计划的对接，鼓励和支持思政课教学人才及团队按程序积极争取国家级和省部级重点项目，支持领军人才申报国家级或省级重点建设项目，加强团队建设，搭建创新平台。

4. 以思政课教师名师工作室为引擎

名师工作室是以高校思想政治理论课教师个人姓名命名的非行政性工作机构，是集教学、科研、培训等职能于一体的高校思政课教师合作共同体。思政课教师名师工作室对于发挥示范引领作用，促进高校思政课中青年骨干教师专业发展，创新思政课教学方法改革，推动高校思政课教学水平再上新台阶，有着重要的引领和示范作用。教育部在未来五年将每年遴选建设10个左右名师工作室项目，培养骨干教师、开展教学研究、推广教学经验。为落实中央的精神和教育部的政策，全国各省、自治区、直辖市也都在推进相关的建设。浙江省的思政课教师名师工作室计划目前已经进行到第三批。思政课教师名师工作室要发挥作用，关键还是在于各高校要认真做好组织实施工作，打造良好的教学和科研环境，并积极推动开展各项思政课教学及科研交流活动，才会确保名师工作室取得实效。

三、加强青年教师学术专业与课程属性的融合

近年来，全国各高校思政课教师队伍陆续补充了不少新鲜血液，年龄低、学历高是这些青年教师的鲜明特点，具有博士学位的教师中，以45岁以下的教师居多。这不仅改善了这支队伍的年龄结构，提升了队伍的学历结构，而且也给队伍带来了浓郁的人文学术气息。但是，目前思想政治理论课教师的专业学科背景，大都来自哲学社会科学等专业，并不是“05方案”中所确立的严格意义上的马克思主义理论学科。因此，对于这些经历了20多年寒窗苦读，间或经历了10年左右的专业学术训练才拿到博士学位的青年教师而言，在实际工作中会不知不觉地陷入这样一种难以适应的境地：怎样把原先熟悉的、比较窄却又比较深的学术专业调整到宽而广的公共课教学工作中去呢？具体来说，这些青年教师面临着如下的尴尬处境：首先，是否把全部精力全都专注在自己的学术专业上，对思想政治理论课教学得过且过；其次，是否逐步放弃已有的学术专业，就像一些中老年思想政治理论课教师那样，不搞研究只是上课；再次，是否白天搞思想政治理

论课教学，晚上钻研自己的学术专业；最后，是否凭借自己的学术专业优势改造思政课教学的基本内容。以上这些问题，已逐渐成为高校思想政治理论课教学中的一个新课题，也就是如何达到学术专业研究和思想政治理论课教学的有机统一。最理想的办法，当然是学术专业研究和思想政治理论课教学两手抓、两手都要硬。但对于青年教师而言，其付出的时间和精力也是极其巨大的，只有少数人能够成功实现这种转型。需要关注和引起重视的现象是，一部分青年教师，仅仅把思想政治理论课教学当作谋生的手段敷衍了事，主观上并没有花大力气、下苦功夫放在思想政治理论课教学的备课及探究科学的教学方法上。更有甚者，在思想政治理论课教学实践中天马行空，随意性很大，试图把思想政治理论课包装成某一学科的专业课。这一现象和问题在这支队伍中将越发突出，必须予以高度重视和正面引导。从爱护、关心青年思政课教师健康成长的良好愿望出发，也要加强教育和引导。思想政治理论课教学和科研管理部门，也必须高度重视，有关负责人必须了解相关情况，严格把好关。

一是切实加强新入职青年思政课教师的培训。前文已经讲过，新引进教师必须先培训后上岗，这是自“05 方案”实施以来的一项重要的制度规定，具有鲜明的现实针对性。因为高学历不等于高能力，高学位不等于高业务水平。思想政治理论课的新任教师，必须接受岗前培训，才能走上讲台授课，这对于提高思想政治理论课教学的实效性，具有重要的现实意义，必须一以贯之地执行、始终不渝地坚持。根据教育学的一般原理，要获得良好的教育教学效果，仅仅有好的课程体系和教材是远远不够的，还必须有好的教师队伍作为支撑，即高质量的教材，需要教师发挥高水平的二度创作来进行讲授，将教材体系转化为教学体系。但思想政治理论课教学中的二度创作，既要联系教学对象和实际，更要严格以教学要求和教材为准则，对于新入职的青年思政课教师来讲，这是开展上岗教育的重要内容。

二是青年思政课教师专题学习交流活动制度化。加强和关心青年思想政治理论课教师的培养，仅仅依靠上岗前的培训教育是远远不够的。博士毕业的思想政治理论课教师，尤其是绝大多数的青年教师，是思想政治理论课教师队伍的宝贵资源，一定要倍加爱护和珍惜。加强制度化的专题学习交流，为的是给这些青年教师提供更多的机会和平台，逐步形成难能可贵的合力，发挥优势和特长，推进思想政治理论课教学的新进展。同时，也是为了经常性地相互督促，提醒青年教师在思想政治理论课教学中的基本规范，既要教书育人，又要严肃教学的政治导向，这也是对青年教师的一种保护。当然，青年思想政治理论课教师自身也应随着担任教师时间的增长，不断了解和遵守思想政治理论课教师的基本要求和道德规范，积累必要的经验。

高等学校思想政治理论课程是中国高等教育的重要组成部分，是中国特色社会主义大学的本质体现。思想政治理论教师是高等学校教师队伍的主力军，是党的路线、方针、政策的传播者，是党的创新理论的播种者，是大学生健康成长的指路者和领航员。这不仅是党给予思想政治理论课教师的崇高荣誉，更时刻提醒着思想政治理论课教师勿忘肩上所担负的庄严责任。教育强则国家强，教育水平标志着一个国家的发展水平和发展后劲。实现中华民族伟大复兴，就必须加强教育现代化。

正因为如此，我们要看到，中国特色社会主义进入新时代，给高等学校思想政治理论课带来了前所未有的发展新机遇。同时，作为光荣的高校思政课教师队伍中的一分子，我们也要清醒地认识到，近年来，高等学校思想政治理论课建设虽然取得了不小的进展，但这门课程、这支队伍要战胜前进路上的各种危险和挑战，依然任重而道远。自党的十八大以来，在治国理政过程中，党中央非常重视危机意识。对于广大高等学校思想政治理论课教师来讲，就是要具备问题意识，在实践中发现问题，在探索中提出问题，以历史勇气直面问题，以责任担当研究问题，以政治智慧回答问题，以实干精神解决问题。完成立德树人的责任重大，使命光荣，我们将为之不断努力奋斗。

参考文献

[1]秦旻，贠雯，刘帅．互联网+时代背景下高校思政课程的教学模式探究[M]. 长春：吉林大学出版社，2023.

[2]谢红星，文鹏．高等学校青年教师专业发展能力提升研究[M]. 武汉：武汉大学出版社，2022.

[3]杨静．改革开放以来高校思想政治教育政策演变研究[M]. 北京：经济日报出版社，2021.

[4]徐锋．新中国大学生思想政治教育研究[M]. 北京：人民出版社，2013.

[5]王英姿，周达疆．新媒体时代下高校思想政治教育研究[M]. 北京：九州出版社，2021.

[6]薛芳锦．文化变迁与当代思想政治教育机制的创新研究[M]. 北京：中国商务出版社，2009.

[7]韩振峰．新时代高校思想政治教育及思想政治理论课教学研究[M]. 北京：中央编译出版社，2021.

[8]谈娅．新时代高校思想政治教育创新研究[M]. 重庆：西南师范大学出版社，2021.

[9]杨建义．大学生思想政治教育路径研究[M]. 北京：社会科学文献出版社，2009.

[10]王石径．新时代高校思想政治教育的创新理路与关键问题[M]. 武汉：华中师范大学出版社，2021.

[11]张蔚萍．思想政治工作学教程[M]. 北京：中共中央党校出版社，2008.

[12]周中之，石书臣，等．现代思想政治教育理论与实践探微[M]. 北京：人民出版社，2009.

[13]李治，杨远波．高校思想政治教育理念在体育教育中的融入研究[M]. 成都：西南财经大学出版社，2021.

[14]李梁．现代信息技术与高校思想政治理论课教育教学深度融合研究[M]. 北京：人民出版社，2021.

[15]陈福生，方益权，牟德刚，等．大学生思想政治教育新论[M]. 杭州：浙江大学出版社，2008.

[16]陈志勇．新媒体时代的大学生思想政治教育[M]. 北京：中国文史出版社，2014.

[17]褚海萍．大学生思想政治教育专论[M]. 成都：西南交通大学出版社，2012.

[18]董娅．当代思想政治教育方法发展新论[M]. 北京：中国社会科学出版社，2012.

[19]戴艳军，王嘉驰．思想政治教育理论与实践的探索[M]. 北京：中国人民大学出版社，2021.

[20]徐玉钦．新媒体时代高校思想政治教学模式研究[M]. 长春：北方妇女儿童出版社，2021.

[21]张树辉．新时代高校思想政治工作创新与实践[M]. 北京：中国社会科学出版社，2021.

[22]杜向民，郗波，王立洲．高校红色文化教育传承研究[M]. 北京：中国社会科学出版社，2021.

[23]杜坤林．冲突与重建——当代大学生道德价值观研究[M]. 上海：上海交通大学出版社，2013.

[24]范跃进．大学生思想政治教育模式建构与实践[M]. 北京：中国文史出版社，2014.

[25]傅忠贤，等．科学发展观视域下高校思想政治教育创新研究[M]. 成都：四川大学出版社，2010.

[26]洪明．高校思想政治理论课互动教学探索[M]. 武汉：湖北人民出版社，2012.

[27]黄蓉生．改革开放以来大学生思想政治教育论纲[M]．北京：人民出版社，2014.

[28]李春晖．高校思想政治教育的心理理论模式研究[M]．北京：九州出版社，2021.

[29]徐金平．社会主义核心价值观与高校思想政治教育研究[M]．长春：吉林出版集团股份有限公司，2021.

[30]钟家全．互联网与新时代高校思想政治教育队伍建设[M]．成都：西南交通大学出版社，2021.

[31]陆启越．新时代高校思想政治教育评价范式转换研究[M]．长沙：湖南师范大学出版社，2021.

[32]教育部思想政治教育工作司．大学生网络思想政治教育[M]．北京：高等教育出版社，2011.

[33]刘雪峰．高校思想政治教育与校园文化建设创新研究[M]．哈尔滨：黑龙江大学出版社，2014.

[34]罗洪铁，周琪．思想政治教育学理论的形成和发展研究[M]．北京：中国文史出版社，2014.

[35]吕毅．高校本科学生党支部思想政治教育工作研究[M]．北京：知识产权出版社，2021.

[36]刘艳芳．中华优秀传统文化融入高校思想政治教育研究[M]．郑州：郑州大学出版社，2021.

[37]李枚晏．大学生思想政治教育管理与实践研究[M]．北京：中国华侨出版社，2021.

[38]刘邦凡．“三个倡导”视域下高校思想政治工作机制创新研究[M]．北京：光明日报出版社，2021.

[39]高丽英，郝端勇．新媒体视域下思想政治教育探析[M]．北京：中国华侨出版社，2021.

[40]项久雨．思想政治教育方法导论[M]．武汉：武汉大学出版社，2021.

[41]涂晓洁．创新创业教育融入思想政治教学策略研究[M]．北京：东方出

版社，2023.

[42]张姝．高校大学生素养与思想政治教育工作创新研究[M]. 北京：中国华侨出版社，2021.

[43]王蕊．当代大学生思想政治教育研究[M]. 北京：中国农业科学技术出版社，2012.

[44]冯刚，高山．新时代高校思想政治教育治理论[M]. 北京：中国社会科学出版社，2021.

[45]王虹，刘智．新媒体时代高校思想政治教育创新研究[M]. 北京：中国社会科学出版社，2012.

[46]王爽．新媒体时代大学生思想政治教育的挑战与创新[M]. 北京：中国言实出版社，2014.

[47]伍德勤．大学生社团活动的理论与实践[M]. 合肥：合肥工业大学出版社，2011.

[48]吴东莞，沈国权．思想政治工作机制论[M]. 北京：军事科学出版社，2008.

[49]权麟春．新时代高校思想政治教育工作质量评价研究[M]. 北京：中国社会科学出版社，2021.

[50]唐雅欣．浅谈高校思想政治教育教学方法的创新[J]. 文教资料，2021(15)：100-101.

[51]潘新喆．高校优秀思想政治理论教师素质养成[J]. 山西财经大学学报，2023，45(A1)：160-162.

[52]周晓婷，陈石．伟大建党精神融入大学生思想政治教育的理论探究与实践路向[J]. 高教学刊，2023，9(A1)：18-21.

[53]尤立杰，张凌志．高校课程思政实施成效、困境及应对策略[J]. 高教学刊，2023，9(A1)：77-80.

[54]张明进．课程思政视域下高校思想政治教育共同体建构研究[J]. 河池学院学报，2020(05)：110-115.

[55]张龙．论新媒体时代下高校大学生思想政治教育工作[J]. 品牌，2015

(01)：35.

[56]陈慧椅．新媒体时代大学生思想政治教育的创新途径探析[J]. 长春教育学院学报，2015(03)：72-73.

[57]黄艳．大学生思想政治教育方法创新研究[J]. 四川理工学院学报(社会科学版)，2015(01)：34-36.